ネイティブなら
その単語を
こう使う！

イラストで楽しく身につく

韓国語

ニュ

しんす先生
JINSU SENSEI

KADOKAWA

はじめに
〜 ニュアンスを制する者は 韓国語を制す 〜

　韓国語に限らず外国語を学ぶ上で、多くの学習者は1つでも多くの単語を覚えることが重要だと考えていると思います。みなさんも単語帳を買い、1日に覚える単語数を決めて新しい単語を覚えたことありますよね。

　このように、ほとんどの学習者が"語彙力＝覚えている単語の量"だと思って韓国語を勉強していますが、じつは物理的な単語の量よりも重要なのは、辞書には載っていないその**単語の持つ"ニュアンス"を理解すること**です。

　ここで日本語の標準語と方言を例に、言語における「ニュアンス」の重要性を説明したいと思います。お笑い芸人がツッコミとしてよく使う「なんでやねん！」。

　これを標準語に直すと「なぜですか？」になりますが、関西弁と標準語の"ニュアンス"が違うため、それぞれを置き換えて使った場合、少し違和感のある日本語になってしまいます。

　ほかにも京都の「はんなり（上品で華やか）」、岐阜の「けなるい（うらやましい）」、北海道の「押ささる（押してしま

う）」、宮城の「いずい（違和感がある）」など、全国には方言がたくさんあります。カッコの中に無理やり標準語の意味を表記してみましたが、じつは上記のような方言は標準語の表記だけでは言い表せない細かいニュアンスが含まれた言葉なのです（該当の地域にお住まいの読者さんは「そうそう！」と頷いているのではないでしょうか？）。

　このように日本語の中だけで見てみても、単純に単語の文字だけではわからない細かいニュアンスの意味を持つ単語はたくさん存在しますが、**韓国語の単語は日本語よりももっと細かいニュアンスを持った単語が多く存在しています。**

　じつは韓国語は**世界でも類を見ないほど、細かい感情表現や抽象的概念を伝えるのに長けている言語**と言われています。ですので、これからこの本で教える뿌듯하다（胸がいっぱいだ）、서운하다（寂しい）、털털하다（気さくだ）などのような、韓国語ネイティブが日常生活でよく使う身近な単語でも、日本語訳と韓国語の「ニュアンス」がじつは違うことで、みなさんが間違いやすい・理解しづらい単語や表現が数多く存在しているのです。

　このようにニュアンスは単語と切っても切れない関係にあるため、**辞書に載っている日本語の意味だけを覚え、その単語を覚えた気になるのは非常に危険**です。

まさにこれが単語を一生懸命覚えても韓国語が上達しなかったり、韓国語勉強のスランプに陥ってしまったりする要因とも言えます。

　自称、言語オタクである私は、自分の外国語学習経験を基に現在YouTubeチャンネル『ゼロから韓国語 〜 with じんす先生 〜 ネイティブが教えるリアル韓国語』でオンラインを中心に韓国語を教えています。
　私が韓国語の先生になったきっかけもまさに、この単語をニュアンスとセットで教えている先生がいないことに気づき、「本物の韓国語」を１人でも多くの韓国語学習者へ伝えたいと思ったからです。ある有名バスケット漫画の名台詞をもじった言葉ですが、**ニュアンスを制する者は韓国語を制します。**

　この本では、イメージしやすいイラストや、頻繁に使うシチュエーションに基づいた例文などを用いて、単語の持つ細かいニュアンスをていねいに解説しています。
　今までの韓国語のテキストや辞書では習得できなかった、韓国語の**「本当の意味とニュアンス」**を私、じんす先生と一緒に楽しく学んでみませんか？

じんす先生

本書の特徴

本章に入る前に、本書で学べること、おすすめできるポイントを整理して紹介します。楽しみながら一緒に学んでいきましょう！

✔ 特徴 ❶
よく使われるのにイメージがつかみにくい単語を厳選。本当に必要な語彙力が身につく！

ネイティブが日常生活で頻繁に使う単語の中でも、隠されているニュアンスがあったり、漢字語由来ではない純粋な韓国語のため、イメージしづらい単語を中心に取り上げました。これらは同時に、ふだん私が韓国語を教えていて、日本人の学習者の方からよく質問される内容でもあります。

なかには造語や新語も取り上げましたが、代替の単語がないため、いずれ常用語になる可能性が高いものばかりです。そのため、日常会話はもちろん、**TOPIK（韓国語能力試験）などの韓国語試験にも役立つ内容**になっています。

収録単語の訳は辞書の訳をベースとしています。さらに、実際のネイティブの使い方やニュアンスとかけ離れている場合は意訳して、最大限に元の韓国語のニュアンスが伝わるようにしています。

✔ 特徴 ❷
概念や感情をビジュアル化した新感覚のイラストでしっかり記憶に定着できる！

韓国人が**その単語に抱いているイメージをイラストで忠実に再現**しています。

単純に例文の内容やシチュエーションを描写するのではなく、言葉だけでは説明がむずかしい抽象的概念や感情をイメージ化したので、

これまでなんとなくわかったつもりの単語もよりクリアに理解できるようになります。インパクトのあるイラストは語彙の記憶も助けてくれるでしょう。

✔ 特徴 ③
例文はそのまま会話で使えるリアル表現、
ネイティブならではの豆知識も充実

例文はその単語や表現がいちばん使われるシーンを切り取り、**そのまま日常会話で使える自然な表現になっています。フレーズとして覚えて、ぜひ会話で使ってみましょう。またSNSや日記などの作文の表現としてアウトプットしてください。**

また、単語だけでなく、例文にもしっかりとした解説をつけました。例文があっても、それをどんなときに使えばよいかわからないことがありますよね？ 本書では訳だけでは伝わらない韓国語特有のニュアンス、正しい単語や表現の使い方が学べるようになっています。

韓国語教師としての経験をもとに、ネイティブならではの豆知識や韓国文化を交えた説明は、この本でしか学べない内容だと自負しています。

✔ 特徴 ④
韓国語にはあえてふりがなはなし！
音声でリアルな発音を学べる

ふりがなでは表現しきれないハングル独特の発音に触れてほしいので、本書の韓国語には、あえてふりがなを記載していません。**ソウル生まれソウル育ちの私が直接、標準語で発音した音声を録音**しました。ぜひ音声を聞いて、リアルな発音を身につけてください。

なお、音声の聞き方については 17 ページを参照ください。

本書の見方

ネイティブだけが知っている韓国語の
ニュアンスをインパクト抜群のイラス
トをはじめ、使える例文、多彩な解説
で紹介しています。

▶ 意味

辞書的な意味をベースに複数
の意味を紹介。①〜③の意味
のうち例文が載っていない場
合は、その意味ではあまり使
われないことを意味します。

▶ 見出し語

このページで取り上げるメインの単
語です。

▶ 品詞

扱う品詞は動詞、形容詞、慣用句が
中心。以下のマークで表しています。
動=動詞　　**名**=名詞
形=形容詞　　**副**=副詞
慣=慣用句

▶ イラスト

その単語に対して韓国人が抱いてい
るイメージを、インパクトのあるイ
ラストで忠実に再現。

▶ じんす先生解説

単語の訳だけでは伝わらない韓国語
特有のニュアンスを補完。①単語の
本来の意味、②辞書には載っていな
いネイティブの考え方、③単語に対
するイメージを言語化して説明して
います。

외면하다 **動**

❶ 顔をそむける
❷ 無視する

本来、この言葉の核となる意味は「嫌う」ですが、「外面
（외면）」から生まれた単語です。そのため「そっぽを向く」
や「見て見ぬふりをする」のようなイメージがかなり強い
単語なので、싫어하다（嫌う）とは違うシーンで使います。

40

例文＆解説
....

◀》 1-11

Chapter

한국의 전통간식이 외면당하고 있다 .
韓国伝統の間食がそっぽを向かれている。

直訳しましたが、具体的に言うと「韓国伝統の間食（スイーツ）を好んで食べる人が減っている・売れなくなった」という意味です。ちなみに韓国語の**간식**（間食）はスイーツを指す場合が多いです。

▶ 例文＆訳

見出し語を使った例文は、会話や作文でそのまま使える内容を厳選！

도움이 필요한 사람을 외면해서는 안된다 .
助けが必要な人を無視してはいけない。

例文の場合は「見て見ぬふりをする」と訳してもいいと思います。「見て見ぬふりをする」をするは、外面하다の中の大きな部分を占めているニュアンスです。

▶ 例文解説

例文が使われるシーンやその背景を詳細にお伝えしています。ニュアンスをより伝えるために、訳はあえて直訳していることもあります。似たような意味を持つ類義語（**類**）や反対の意味を持つ反対語（**反**）も掲載しました。

현실을 외면하고 이상만 쫓고있다 . ①
現実を否定して理想ばかり追っている。

ネイティブがよく使うので、このままフレーズとして覚えてください。「現実を否定して」と自然な日本語に意訳しましたが、韓国語の場合は**현실을 외면하다**（現実にそっぽを向く）と表現するのがより自然です。

ワンポイントアドバイス

厳密に言うと、현실을 외면하다（現実にそっぽを向く・否定する）と 이상을 쫓다（理想を追う）はまったく違う概念で、次のような違いがあります。
현실을 외면하다（現実にそっぽを向く・否定する）＝夢・理想を追う人以外にも「不登校・引きこもり」などのシーンでも使える。
이상을 쫓다（理想を追う）＝長い下積み時代を送っているミュージシャン、お笑い芸人などによく使います。

▶ ①マーク

①がついた例文には見出し語が使われていません。日本人学習者がやりがちな見出し語の間違った用法を指摘するとともに、よりふさわしい単語、例文を掲載しています。

▶ ワンポイントアドバイス

知っておきたいプラスαの知識をまとめました。

41

Contents

Chapter 1
核となる「イメージ」で覚える！重要単語

Chapter **2**

ニュアンスで比較！
似ている単語の使い分け

(머리를)자르다&(머리를)깎다

찍다&찌르다

Chapter **3**

知って納得！
感情や性格を表す単語

Chapter **4**

辞書とリアルはちょっと違う！
その単語の本当の意味

Column

Chapter 5

わかったらスゴイ！
日常会話でよく使う慣用表現

デザイン／菊池 祐（ライラック） 校正／林 京愛
イラスト／小林潤奈 動画編集／せきねかおり
ナレーション／じんす先生 DTP ／ Office SASAI
音源制作／一般社団法人英語教育協議会（ELEC） 企画・編集／仁岸志保

音声を聞くには

以下のいずれかの方法によって、
本書で取り上げた単語と例文の音声を聞くことができます。

●ダウンロードして音声を聞くには

下記 URL にアクセスし、ダウンロードしてください。

[## https://kdq.jp/58XAQ]

ユーザー名　kankoku5-nyuansu　　パスワード　Jinsu-kankoku5

※音声は mp3形式で保存されています。お聴きいただくには mp3ファイルで再生できる環境が必要です。　※ダウンロードはパソコンからのみとなります。携帯電話・スマートフォンからはダウンロードできません。ダウンロードページへのアクセスがうまくいかない場合は、お使いのブラウザが最新であるかどうかご確認ください。また、ダウンロードする前に、パソコンに十分な空き容量があることをご確認ください。　※フォルダは圧縮されています。解凍したうえでご利用ください。　※音声はパソコンでの再生を推奨します。一部ポータブルプレーヤーにデータを転送できない場合もあります。

●ストリーミング再生で音声を聞くには

パソコンまたはスマートフォンなどから、下記 URL または、
QR コードにアクセスし、音声を再生してください。

[## https://kdq.jp/jinsukr]

※音声や動画を視聴いただく際の通信費はお客さまのご負担となります。
※音声や動画を保存することはできません。　※動画アプリをインストールしている場合は、アプリが立ち上がることがあります。　※なお、本サービスは予告なく終了する場合がございます。あらかじめご了承ください。

Chapter

1

核となる
「イメージ」で
覚える！
重要単語

ネイティブは単語の意味よりも先に単語のイメージが浮かぶ場合があります。この章では単語の「核となるイメージ」を理解することで意味やニュアンスが見えてくる単語をピックアップして紹介します。韓国語レベルに関わらず、必ず覚えるべき単語を厳選しましたのでしっかり覚えましょう！

만만하다 形

❶ 楽勝だ・チョロい
❷ （雑に）扱いやすい

この単語はまず、「勝てそうだ」というイメージが大事です。さらに相手や対象を「見くびっている」、「甘く見ている」ニュアンスもかなり強いという特徴があります。辞書の意味だけでは理解するのがむずかしいので、右のよく使う例文で理解してみましょう！

결승전이지만 만만한 상대를 만났다.

決勝戦だけど勝てそうな相手と当たった。

日本語では**만만하다**を勝てそうな相手と訳しましたが、「楽勝だ・チョロい」
などがもとの韓国語のニュアンスにいちばん近いと思います。

이번 기말고사는 만만한 문제만 나왔다.

今回の期末試験は簡単に解ける問題ばかりだった。

만만하다はテストのシーンでもよく使います。「試験問題」を見くびってい
るので、「良い点数が取れたはず！」という自信が伝わる例文です。

여자친구는 나를 만만하게 보고 있다.

彼女は俺を雑に扱ってもいい人だと思っている。

人間関係、とくに恋愛のシーンでもよく使う単語です。韓国語のもとの意
味を生かして訳しましたが、簡単に言うと「ナメられている」になります。

> **ワンポイントアドバイス**
>
> ネイティブは만만하다を②（雑に）扱いやすいという意味を拡大して、さまざまな
> シーンで使います。洋服などが「安価なので手軽に着てもいい」という意味で、よ
> く입기 만만하다と言います。
>
> 例 ○○ 브랜드의 옷은 입기 만만하다.
> （○○のブランドの服は安いので手軽に着てもいい。）

21

흔하다 _形

❶ ありふれている
❷ どこにでもある

 「ありふれている」がピッタリな訳だと思いますが、日本語よりも「価値がない」というニュアンスがかなり強いです。人や相手に関する何かを表現するときは失礼にあたるケースがあるので、注意が必要です！

중동에서는 석유가 흔하다.

中東では石油がどこにでもある。

90年代までは「中東には石油がありふれているけど、韓国には資源がないので……」という切り口で勉強を促す先生がたくさんいました。

진수는 한국에서 흔한 이름이다.

「ジンス」は韓国ではよくある名前だ。

実際、僕の名前（진수）は韓国ではベタな名前の１つですが、「価値がない」というニュアンスもあるので本人がいる席でこういう表現は失礼にあたります。

ワンポイントアドバイス

人の名前を評するときは、일반적인（一般的な）や대표적인（代表的な）を使うのが自然です。

例　하루토 일본에서 일반적인 이름이다.

（ハルトは日本では一般的な名前だ。）

혼밥하는 사람을 보는 건 흔한 일이 되었다.

一人で食事をする人を見るのは日常茶飯事になった。

혼밥은 **혼자서**（一人で）+ **밥먹기**（ご飯を食べる）の略語です。そして、**흔한 일**（日常茶飯事）も一つの表現として覚えましょう！ この表現も日本語と同じような使い方ができます。

뻔하다 形

❶ 明らかだ・確かだ
❷ 結果が目に見える

「未来が目に見える」というイメージです。この単語はマイナスのニュアンスが強いので、シチュエーションによって「つまらない」、「悪い・危ない結果」というイメージが浮き彫りになります。例文と一緒に見てみましょう！

결국 뻔한 스토리의 드라마였다.

結局、結末が目に見えるドラマだった。

뻔한 스토리は直訳すると「明らかなストーリー」ですが、わかりやすく言うと「**何のひねりもない**」ストーリーという意味です。

공부를 안 해서 뻔한 시험 결과가 나왔다.

勉強をしてないので明らかな試験結果が出た。

例文を直訳しましたが、「勉強をしてない」のあとに뻔하다が続くので、試験結果は予想通りダメだったという意味です。

미리는 오늘도 늦겠지… 안 봐도 뻔해.

ミリは今日も遅れるよね…見なくてもわかる。

頻繁に遅刻をする**지각쟁이**（遅刻魔）は、何の連絡がなくても事故などではなく、今日もただ遅刻しているだけとすぐわかりますよね。こういうふうに相手の性格やふだんの行動パターンから考えて予想通り、結果が目に見える場合も、뻔하다が使われます。

땅기다 動

1. 引っ張る
2. (興味・食欲を) そそる
3. 筋肉が張る

この単語は「引っ張る」イメージで覚えましょう！日常では「(興味などを) そそる」に近い意味でよく使います。「引っ張る」の意味では당기다が標準語ですが、ネイティブの会話では땅기다がよく使われます。

例文 & 解説
....

밤 12시지만 야식이 땡긴다.

夜中12時だけど夜食が食べたくなった。

左のイラストでニュアンスを感じてみましょう！　まるで**夜食に引っ張られたかのように**「無性に」食べたくなったという意味です。

그의 제안은 구미가 당기는 이야기였다.

彼の提案は興味をそそる話だった。

구미가 당기다は直訳すると「食欲を引っ張る」になります。당（땡）기다の②の意味があることを知っていないとなかなか理解しづらい慣用表現ですので、この機会に一緒に覚えておきましょう！

오늘은 많이 걸어서 종아리가 땡긴다.

今日は歩きすぎたのでふくらはぎが張っている。

例文のように「引っ張る」という意味の使い方もします。**筋肉同士が引っ張り合うイメージ**で「筋肉が張っている」を表現しています。

때우다 動

❶ (〜で) 食事をすます
❷ (時間を) つぶす

 本来の意味は「溶接する」です。さらにこの単語には「その場しのぎ」のニュアンスも多く含まれているのでそこがこの単語からの派生表現を理解するポイントです!!

아침밥은 매일 토스트로 때우고 있다.

朝ごはんは毎日トーストですませている。

日常では①の意味でよく使います。たとえば、白いご飯にお味噌汁と焼き魚のような、ちゃんとした朝ご飯の代わりに**トーストで朝ご飯をなんとかすませているというニュアンス**を때우다を使って表現しています。

카페에서 시간을 때우고 있다.

カフェで時間をつぶしている。

韓国語の本来のニュアンスを生かして訳すと「空いた時間をその場しのぎで溶接している」になります。**시간을 때우다**は本当によく使うので必ず覚えましょう！

집에 갈 차비가 없어서 몸으로 때웠다.

家まで帰る交通費がなくて歩いてなんとかしのいだ。

直訳は「体を使ってその場をなんとかしのいだ」になります。つまり、ここではタクシーに乗るような距離だけど「歩いてなんとか帰った」という意味です。ネイティブは**몸으로 때우다**（体・体力を使ってしのいだ）をよく使いますが、おもに男性が使う表現です。女性が使うと変な意味になるので注意が必要です！

잠잠하다 形

❶ 静かだ・静まりかえっている
❷ （騒ぎなどが）
　おさまっている

荒れた状態から今は「静かになった」というイメージです。
しかし、うっすら「また荒れるかも……」というニュアン
スも含んでいるのがこの単語のおもしろいところです。

例文 & 解説
・・・・・・・・・・・・・・・・・

🔊 1-06

거친 파도가 지금은 잠잠해졌다.

荒波が今はおさまった。

左のイラストがピッタリくる表現です！ ちなみに잠잠하다の過去形は**잠잠했다**を使いますが、変化を強調するために잠잠해졌다も使います。

ワンポイントアドバイス

잠잠해졌다の形で使うシーンをもう一つ紹介しますと、たとえば、買い物に行かなきゃいけないのに雨が激しくて、少しおさまるのを待っているとき、雨がおさまったので「今が買い物に行くチャンスだ！」のようなニュアンスでよく使います。

例 비가 잠잠해졌으니까 지금 슈퍼 갔다 올게.
（雨がおさまったから今、スーパー行って来るね。）

사고뭉치 아들이 요즘은 잠잠하다.

問題だらけの息子が最近は静かだ。

トラブルメーカーである息子が「今は」静かだという意味です。この例文は「**嵐の前の静けさ**」のようなニュアンスがあります。

스캔들 소동이 잠잠해지면 기자회견을 하자.

スキャンダル騒ぎがおさまったら記者会見をしよう。

잠잠하다는○○소동（○○騒ぎ）、○○염상などの単語ともよく一緒に使われます。この例文では韓国語のニュアンスに近い形で訳しましたが、「**ほとぼりが冷めたら**」もすごく良い翻訳だと思います。そして韓国語には「炎上」に当てはまる表現がないので、○○파문（○○波紋）、○○논란（直訳：○○論難）を使うのが自然です。

덧붙이다 動

❶ 重ねて貼る
❷ 付け加える

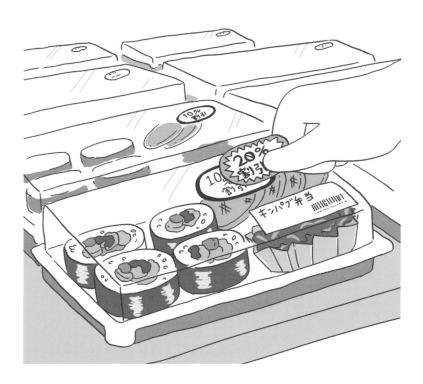

 韓国語の接頭語で덧（重ねて）と붙이다（貼る・付ける）が合体した単語です。イラストのイメージをしっかり覚えたあと、代表的な例文を見てみましょう！

도시락의 가격표 스티커를 덧붙였다.

お弁当の値札シールを貼り付けた／貼り替えた。

덧붙이다を①の意味で使う場合は、「**修正**」**の意味が強い**ので、この例文の
ようなシーンでよく使います。ちなみに韓国のおばあちゃんたちは日本語
の影響で**도시락**を日本語のまま**벤또**（弁当）と呼ぶ人も多いです。

한마디 덧붙이자면…

一言付け加えると…

会議やディスカッションなどでよく使うフレーズです！　しかし、相手の
意見を否定したあと、自分の意見をその上に貼り替えるイメージもあるので、
目上の人に使うと生意気な印象を与えます。

증거자료를 덧붙여서 제출했다.

証拠資料を付け加えて提出した。

この例文では**첨부하다**（添付する）も使えます。意味はまったく一緒ですが、
첨부하다のほうが書き言葉っぽい表現です。ちなみに첨부하다はEメールで
ファイル（資料・写真など）を添付するときによく使います。
類 첨부하다（添付する）

앞장서다 動

1. 先頭に立つ
2. 先陣を切る

自ら進んで先頭に立ってみんなを引っ張るイメージ!! まさに理想的な「リーダー像」そのものです。日常生活ではユーモアを交えて使ったりもします。

그는 평생동안 인권운동에 앞장섰다.
彼は一生人権運動の第一線で戦った。

「앞 (前) があるなら、뒤 (後ろ) を使った単語もあるのでは？」ということで「뒤장서다もありますか？」と質問される方がいます。ですが、앞 (前) を뒤 (後ろ) に置き換えても「なかなか自分からは手を挙げない」、「消極的」のような意味の反対語にはなりません。

과장님은 어려운 일도 앞장서서 해결한다.
課長はむずかしい仕事も先頭に立って解決する。

困難に立ち向かうというニュアンスもある単語なので、**힘든 일** (困難な・ツラい仕事) などの単語とよく一緒に使われます。

서울역까지 가는 길 모르니까 앞장 서!
ソウル駅までの道がわからないから前に立って！

相手にエスコートや道の案内をお願いするときにも使う例文です。ソウル駅まで「先頭に立って」案内しろ！　という意味ですが、**ユーモアを交えた表現**なので友だちの間ではよく使います。

여기다 動

- ❶ 思う
- ❷ 見なす

私，思う。カラス現る。災いも付いてくる。
カラス，キケン。みんなも思う。

TOPIK（韓国語能力試験）などを勉強している方の中には、여기다（思う）と생각하다（思う）の違いがわからなくて悩んだ経験がある方が多いのではないでしょうか？　単純に「見なす」と載っている辞書も多いのですが、ニュアンスや使い方が微妙に違うので右の例文で詳しく見てみましょう！

한국인들은 까마귀를 불길하다고 여긴다.

韓国人はカラスを不吉だと思う。

カラスが災いを呼ぶという科学的根拠はもちろんありませんが、昔から韓国人は「カラス」と「不吉」を結びつけて考えてきました。このように、**対象に「幸運・不吉・平和……」などの概念や感情を結びつけて思う・考えることを**、韓国語では여기다と言います。

선생님을 아버지처럼 여기고 존경한다.

先生をお父さんのように思って尊敬する。

この例文も「先生」という対象に、「父のように感じる」自分の感情を投影して思っているという意味ですので、여기다が使われます。여기다を생각하다に置き換えて使うのはOKですが、逆はダメな場合が多いので、わからないときは**생각하다**を使いましょう！

버려진 고양이를 불쌍하게 여긴다. ①

捨てられた猫を可哀想に思う。

関連表現に**불쌍하게 여기다**（可哀想に思う）がありますが、少し注意が必要な表現です。動物などによく使う傾向があるので、元の여기다とは違って上から目線のようなニュアンスがあります。

드러나다 動

❶ 露わになる
❷ 現れる・バレる

今まで隠されていた部分がちょこっと露わになったイメージです。イラストのように埋もれていたところからスタートしてようやく正体がわかったというニュアンスがあるので、この単語が使われるシーンには共通点があります。右の例文で確認してみましょう！

모두가 궁금해하던 사건의 진상이 드러났다.

みんなが気になっていた事件の真相が露わになった。

①露わになる、②現れる・バレるのような単語のニュアンスから、**진상**（真相）、**정체**（正体）、**진실**（真実）のような類の単語と一緒に使われるケースが多いです。

용의자의 진술이 거짓말로 드러났다.

容疑者の陳述が嘘だと露わになった／判明された。

드러나다は、左のイラストのように真実や真相を暴くためにがんばっている人も一緒に連想される単語です。そのため、大衆が興味を持つ事柄や事件などの真相が露わになったときによく使われる傾向があります。

ワンポイントアドバイス

드러나다を単純に②バレる、の意味で覚えるとおかしい韓国語になるときがあります。たとえば、「ダイエット中なのにケーキを食べたのがバレた」のシーンで드러나다を使うと、家族みんなが必死になって証拠を探した結果、ようやくバレてしまったような変なニュアンスになります。この場合は、**들켰다**（バレた）で十分です！

베일에 쌓여있던 만화가의 정체가 드러났다.

ベールに包まれていた漫画家の正体が露わになった。

베일에 쌓여있다（ベールに包まれる）も드러나다とよく同じシーンで使われます。この機会に一緒に覚えましょう！

외면하다 動

❶ 顔をそむける
❷ 無視する

 本来、この言葉の核となる意味は「嫌う」ですが、「外面（외면）」から生まれた単語です。そのため「そっぽを向く」や「見て見ぬふりをする」のようなイメージがかなり強い単語なので、싫어하다（嫌う）とは違うシーンで使います。

例文 & 解説
· · · · · · · · · · · · · · · · ·

🔊 1-11

한국의 전통간식이 외면당하고 있다.

韓国伝統の間食がそっぽを向かれている。

直訳しましたが、具体的に言うと「韓国伝統の間食（スイーツ）を好んで
食べる人が減っている・売れなくなった」という意味です。ちなみに韓国
語の**간식**（間食）はスイーツを指す場合が多いです。

도움이 필요한 사람을 외면해서는 안 된다.

助けが必要な人を無視してはいけない。

例文の場合は**「見て見ぬふりをする」**と訳してもいいと思います。「見て見
ぬふりをする」をするは、外面したの中の大きな部分を占めているニュア
ンスです。

현실을 외면하고 이상만 쫓고 있다.

現実を否定して理想ばかり追っている。

ネイティブがよく使うので、このままフレーズとして覚えてください。「現
実を否定して」と自然な日本語に意訳しましたが、韓国語の場合は**현실을
외면하다**（現実にそっぽを向く）と表現するのがより自然です。

ワンポイントアドバイス

厳密に言うと、현실을 외면하다（現実にそっぽを向く・否定する）と 이상을 쫓다（理
想を追う）はまったく違う概念で、次のような違いがあります。
현실을 외면하다（現実にそっぽを向く・否定する）＝夢・理想を追う人以外にも「不
登校・引きこもり」などのシーンでも使える。
이상을 쫓다（理想を追う）＝長い下積み時代を送っているミュージシャン、お笑い
芸人などによく使います。

기피하다 動

❶ 忌避する
❷ 避ける

 前のページの외면하다同様、核となる意味は「嫌う」ですが、漢字語の기피（忌避）から作られた単語なので、외면하다より기피하다のほうがより強いニュアンス（忌み嫌う）を含んでいるという違いがあります。イヤすぎで逃げ回る・避けるイメージ!!

병역을 기피한 연예인들이 적발되었다.

兵役／徴兵を逃れた芸能人たちが摘発された。

병역을 기피하다の形でいちばん使われます。병역は漢字で書くと「兵役」
ですが、日本語の「徴兵」に近い意味で使う単語です。

대인 기피증으로 치료를 받았다.

対人忌避症のため治療を受けた。

대인 기피증は自然な日本語に直すと「対人恐怖症」のことです。日韓で使
う漢字が微妙に違う場合もあるので注意して覚えましょう！

부유층은 힘든 일을 기피하는 경향이 있다.

富裕層はツラい仕事を忌避する傾向がある。

기피하다は**힘든 일**（ツラい仕事）ともよくセットで使われます。기피하다
は「嫌う・避ける」よりも強いニュアンスがあるので、どちらかと言うと
日本語の「忌み嫌う」に近い言葉だと思います。

버티다 _動

❶ 辛抱する・耐える
❷ 持ちこたえる

似たような意味の単語で참다/견디다（我慢する・耐える）
もありますが、버티다のいちばんの特徴はギリギリのライン
で踏みとどまっているイメージが強いという点です。

例文 & 解説

🔊)) 1-13

5분만 버티면 우리가 이긴다!

あと5分間耐えしのげば私たちが勝つ！

참다/견디다が熱いお湯の温度に耐えるイメージだとしたら、**버티다は敵の猛攻など、絶体絶命な状況を耐えしのぐ**イメージです。そのためスポーツなどのシーンでよく使われます。

3일동안 물도 없이 산속에서 버텼다.

3日間水も飲まずに山の中でしのいだ。

単語のイメージから最悪な状況を連想しやすいので、この例文のように**遭難のシーン**でもよく出てきます。まさに「サバイバル（Survival）」です！

이 옷은 영하 20도까지 버틸 수 있다.

この服は氷点下20℃までしのげます。

---

①**辛抱する・耐える**のイメージから考えると、隠されたニュアンスもわかるようになります。断言を避ける言い方で、この服を着て「がんばって耐えしのげば」−20℃まで持ちこたえることができるという意味です。

걸림돌 _名

❶ 妨げ・障害物
❷ 邪魔者

 걸리다（引っかかる）＋돌（石）が合体した造語で、石の障害物を意味します。会話でも文章でも使える言葉で、ネイティブはおもに比喩としてよく使います。

프로젝트는 예상외의 걸림돌에 직면했다.

プロジェクトは予想外の障害物に直面した。

必ずではないですが、「いきなり現れた」というニュアンスもあるので、**예상외의**（予想外の）や**의외의**（意外の）、**뜻밖의**（思わぬ）などの単語とセットでよく使われます。

아빠는 내 인생 최대의 걸림돌이다!

親父は俺の人生最大の邪魔者だ！

걸림돌は人に対してもよく使います。例文はお父さんにとっては悲しい表現ですが、「安定志向」の父 VS「夢追い人」の息子の構図!! ドラマでも日常でもありますよね。

안 좋은 성적은 취업의 걸림돌로 작용한다.

悪い成績は就活の障害物になる・障害物として働く。

「障害物になる・障害物として働く」と意訳しましたが、自然な韓国語表現では「障害物として作用する（**걸림돌로 작용한다**）」と表現します。ですので、おかしい日本語だけど「障害物（**걸림돌**）」と「作用する（**작용한다**）」をセットで覚えてください。

사로잡다 動

❶ 捕らえる・虜にする
❷ （心を）鷲掴みする

≪むぎゅっ≫

この単語はイラストの「鷲掴み」のイメージで覚えてください。物理的に何かを「捕える」という意味でも使いますが、日常では心や感情に関する単語とよく一緒に使います。

K-POP은 세계인의 마음을 사로잡았다.

K-POPは世界の人々の心を鷲掴みにした。

ニュアンスのまま直訳しましたが、自然な日本語に直すと「心を虜にした・魅了した」になります。このように**사로잡다**はおもに「心」に関する単語と一緒に使います。

적군을 산 채로 사로잡았다.

敵軍を生きたまま捕らえた。

사로잡다は言葉の本来の意味（生け捕る）で使ったりもします。その場合は意味をさらに強調するために、**산 채로**（生きたまま）と一緒に使うケースが多いです。

죄책감에 사로잡혀 일이 손에 잡히지 않았다.

罪悪感にとらわれて仕事が手に付かなかった。

사로잡히다（捕らわれる）の形で使う場合は、**죄책감**（罪悪感、直訳：罪責感）などと一緒に使うケースが多いです。この使い方は日本語の「苛まれる」に近いニュアンスです。

49

골고루 副

❶ バランスよく
❷ まんべんなく

 この単語は使い方が非常に限定されています。7割はイラストのように「食べる」と一緒に使われて、残りは「配る」と一緒に使われるケースが多いです。

음식을 골고루 먹어야 건강해진다.

食べ物をバランスよく食べないと健康にならない。

韓国の**親たちが子どもによく言うフレーズ**の一つです。私も子どもの頃、食事の度に母から何千回、何万回と言われました。

영양소를 골고루 섭취해야 장수한다.

栄養素をバランスよく摂取しないと長寿できない。

골고루は**섭취하다**（摂取する）と一緒に使われるケースも多いです。上の訳は直訳で、韓国人は「長生きする」を「**장수하다**（長寿する）」とよく言います。

산타할아버지가 선물을 골고루 나누어 주었다.

サンタがプレゼントをまんべんなく配ってくれた。

골고루は**먹다**（食べる）、**나누어 주다**（配る）などの言葉と一緒に使われることがほとんどなので、セットで覚えればバッチリです！ **まんべんなく、つまり「みんなに」**ということです。ちなみに韓国語ではサンタを산타할아버지（サンタおじいちゃん）と呼びます。

돋보이다 _動

❶ 目立つ・引き立つ
❷ 目を引く

돋（ぷくっと）と 보이다（見える）が合体した単語です。「目立つ」という意味ですのでマイナスの意味としても使えますが、どちらかと言うとプラスのイメージがもっと強い単語だと思います。

그녀의 패션 센스는 언제나 돋보인다.

彼女のファッションセンスはいつも目立つ。

日本語だけみると「悪目立ち」として捉えることもできますが、**돋보이다**
はほとんどの場合、「ほめ言葉」として使います。

그의 노래는 그룹 안에서 단연 돋보인다.

彼の歌はグループの中で断然目立つ。

この例文も「ほめ言葉」です。この場合の노래（歌）とはたんに歌声だけ
ではなく、全体的な歌唱力、**발군의 노래실력**（抜群の歌の実力）を意味し
ます。

탁월한 연기력이 돋보이는 배우다.

卓越した演技力が目立つ俳優だ。

돋보이다はプラスのイメージが強いので、**탁월한**（卓越した〜）や**단연**（断
然）という単語とよくセットで使われます。

ワンポイントアドバイス

「目立つ」という意味の単語に눈에 띄다（直訳：目に留まる）もありますが、돋보이
다のほうがプラスのニュアンスが強い単語なので、相手をほめる目的で使う場合は、
눈에 띄다よりも돋보이다を使うのが自然な韓国語です。

걸러내다 動

❶ 取り除く(濾過する)
❷ 排除する

直訳すると「悪い・汚いものを取り除く」という意味を持つ単語です。イメージから考えると「濾過する」や「ふるいにかける」に近いニュアンスがあります。

흙탕물에서 더러운 것들을 걸러내자!

泥水から汚いものを取り除こう！

걸러내다는、この例文のように**物理的に汚いものを取り除く・濾過する**という意味で使えます。しかし、実際ネイティブは、걸러내다を問題点など目に見えないものや比喩としてよく使う傾向があります。

ワンポイントアドバイス

흙탕물を日本語で直訳すると「泥水」になりますが、韓国では道路などにたまった水なども意味します。「雨の日、勢いよく走る車のせいで水たまりの水が服にかかった」などというときにも흙탕물を使います。

오디션을 통해서 탈락자를 걸러내자!

オーディションを通して脱落者を取り除こう！

「ふるいにかける」というニュアンスが強い使い方です。頻繁に使う表現ですが、「脱落者＝悪い・要らない者」のようなイメージなので、本人たちが聞くと非常に不愉快な表現です。

악플을 걸러내는 시스템이 필요하다.

悪質なコメントを取り除くシステムが必要だ。

악플（悪質なコメント）はSNS上の誹謗中傷を意味する言葉で、**악（悪）と英語で返事・返答を意味する리플라이（Reply）の플を合わせた造語**です。さまざまなシーンで使われるのでこの機会に必ず覚えましょう！

몰아서 하다 動

一気に〜する、
まとめて〜する

몰다（一か所に追い込む）と 하다（する）が合体した言葉で、慣用表現に近いです。仕事などをわざと溜めて「一気にする」、「一網打尽」のようなニュアンスがあります。

例文 & 解説
．．．．．．．．．．．．．．．．．．

주말에 빨래를 한꺼번에 몰아서 했다.
週末まで洗濯物を溜めて一気にやっつけた。

ニュアンスを生かして直訳しました。日本語で「週末に溜まった洗濯物を
まとめて洗濯した」と言いたい場合に使います。例文は**主婦たちがよく使
うフレーズ**です。わざと洗濯物を溜めて洗濯するほうが水の節約にもなり
ますよね。

어렸을 때, 여름 방학 숙제를 몰아서 하는 편이었다.
幼い頃、夏休みの宿題を溜めてやるタイプだった。

みなさんも経験ありますよね。とくに絵日記とか……例文はネイティブに
とっては非常に馴染みのある表現で、頻繁に使われます。

휴가동안 드라마를 1편부터 몰아서 봤다.
休みの間、ドラマを1話から一気に最後まで見た。

몰아서 하다の하다の代わりに**보다**（見る）も使えます。純粋にドラマにハ
マって最終話まで見ちゃったという意味もありますが、そもそも몰아서 하
다には「仕事感」があるので、「ようやく」最後まで見終わった～!! とい
う「宿題感」のようなニュアンスもあります。

> **ワンポイントアドバイス**
> 名詞では**몰아보기**（一気見）と言います。一緒に覚えましょう！

베끼다 動

❶ パクる（盗作する）
❷ 書き写す

 日本語の「パクる」とほぼ同じイメージで、他人の創作物、アイデアなどを盗用・盗作するという意味です。物を盗む・万引きの意味では使わないので注意しましょう！

다른 가수의 곡을 베꼈다는 의혹이 있다.

他の歌手の曲を盗作したという疑惑がある。

곡（曲）、**논문**（論文）、**소설**（小説）などの単語と一緒に使われるケースがほとんどです。書き言葉では**표절하다**（剽窃する）という単語もよく使われ、会話でも頻繁に登場するので一緒に覚えましょう。

類 표절하다（剽窃する）

유명브랜드의 디자인을 그대로 베꼈다.

有名ブランドのデザインをそのままパクった。

ちなみに、非合法に他社の人気商品のデザインや商標を模倣、もしくは似せた物を日本語で「パチモン」と言いますが、韓国語では**짭**、あるいは**짝퉁**と言います。目上の人との会話でも使える俗語です。ニュースなどでは**가품**（偽物）と表現するので베끼다とセットで覚えましょう。

친구의 숙제를 베껴서 제출했다.

友だちの宿題を書き写して提出した。

베끼다は直訳すると日本語の「書き写す」にいちばん近いです。2つめの例文のように**그대로**（そのまま）と一緒に使ってもOKです。

깨닫다 動

① 悟る・気づく
② ようやくわかる

この単語は古代ギリシャの数学者アルキメデスに関する有名な逸話、「浮力」を使って純金の王冠かどうかを調べる方法をひらめいた瞬間をイメージしてください。言葉自体のニュアンスは「ようやくわかった」がいちばん近いです。

例文 & 解説
··················

처음으로 한국어 공부의 즐거움을 깨달았다.
初めて韓国語勉強の楽しさに気づいた。

깨닫다はまず、「楽しさ」などに気づいたという意味でよく使います。「ようやく」というニュアンスがあるので、**처음으로**（初めて）などの単語とよく一緒に使います。

출가를 하고 삼라만상의 이치를 깨달았다.
出家をしてから森羅万象の理を悟った。

宗教の「悟り」という意味でも使います。韓国語にも**삼라만상**（森羅万象）という四字熟語があります。「理（ことわり）」を意味する**이치**と一緒に使われるケースが多いのでセットで覚えましょう！

연금제도의 문제점을 깨닫는 계기가 된 사건.
年金制度の問題点に気づくきっかけになった事件。

깨닫다はさまざまなシーンで使えますが、ネイティブの使い方を分析すると「**問題点・過ち**」などに「**ようやく気づく**」という意味で使われるケースがいちばん多いようです。

곁들이다 _動

❶ 添える
❷ 付け加える

概ね日本語の「添える」と同じ単語と理解しても問題ありませんが、치킨에 맥주를 곁들였다（チキンにビールを添えた）など、日本語とは違う使い方をするシーンも多いので右の例文でしっかり覚えましょう！

제철 과일을 곁들인 프랑스 요리.
旬の果物を添えたフランス料理。

日本語と同じ使い方です。ちなみに「旬の〜」を表現したい場合は**제철**〜
を使うのがいちばん自然な韓国語です。

멋진 음악이 곁들여진 분위기 좋은 카페.
素晴らしい音楽が添えられた雰囲気の良いカフェ。

会話では一般的な表現ではありませんが、カッコイイというか、かなり**文
学的な表現**です。テレビの旅番組で、ギターやピアノの生演奏が流れるオ
シャレなカフェなどを紹介する場面で耳にする表現です。直訳のままニュ
アンスを感じてみましょう！

해물파전에 막걸리를 곁들였다.
海鮮チヂミにマッコリを添えた。

곁들이다をあえて「添えた」と訳しましたが、**「一緒に食べた」**という意味
です。ネイティブの会話では、この意味で使われることがいちばん多いです。
ちなみに、食べ物の相性は **(음식) 궁합** と言います。

ワンポイントアドバイス

곁들이다の本来の意味、「添える」をもじった少し文学的な表現なので、相性が悪い
食べ物とはあまり使いません。「メイン料理」+「お酒」で使うケースがほとんどです。

꾸준히 副

❶ こつこつと・地道に
❷ 変わらず・絶え間なく

 この単語は「こつこつと」や「地道に」と訳されますが、ちょっとした努力などが「続いている（持続）」ニュアンスが強いという特徴があります。シチュエーションによっては「変わらず」と訳される場合もありますが、꾸준히のニュアンスがわからないと間違って使う可能性があるため、注意が必要です。

매일 30분, 꾸준히 운동을 하고 있다.
毎日30分、こつこつと運動をしている。

꾸준히はこの例文の「毎日30分」のように、持続可能なちょっとした努力と相性がいい単語です。「毎日5時間」と꾸준히を一緒に使っても間違いではないですが、「毎日5時間」の運動を続けられる人はほとんどいないと思うので、自然と**꾸준히**に**「ちょっとした努力」のニュアンス**が含まれるようになったと思います。

꾸준히 노력하면 반드시 성공한다.
地道に努力すれば必ず成功する。

꾸준히は「持続」のニュアンスが強いので、**노력**（努力）、**공부**（勉強）、**운동**（運動）のような類の単語と一緒に使われる場合も多いです。

그 팀은 꾸준히 좋은 성적을 유지하고 있다.
そのチームは変わらずいい成績を維持している。

「持続」のニュアンスが前面に出ていることがよくわかるシーンです。ここで大事なのは、꾸준히を**「努力」が連想できる場面でしか使わない**点です。「相変わらず若い」のような使い方はしないので注意!!

잇따르다 動

1 列をなす
2 相次ぐ

直訳は「列をなして続く」ですが、文字通りの意味より、「相次ぐ」の意味で使われるケースがほとんどです。漢字語ではない純粋な韓国語由来の単語で、書き言葉では頻繁に使われますが、日常会話ではあまり使わない特徴があります。

例文 & 解説

선수들이 잇따라 입장하고 있습니다.

選手たちが列をなして入場しています。

文字通りの使い方です。書き言葉に近い表現なので、このようなシーン以外ではニュースのようなオフィシャルな場面で使われることがほとんどです。たとえば、**車の渋滞を表現**するときに使います。

태풍 때문에 비행기의 지연이 잇따르고 있다.

台風の影響で飛行機の遅延が相次いでいる。

잇따르다は**잇따르고 있다**に少し形を変えて、「相次いでいる」という意味でもよく使います。この例文はまるごと覚えるようにしましょう!

지방의 중학교에서 식중독이 잇따라 발생했다.

地方の中学校で食中毒が次々と発生した。

例文はニュースや新聞などでよく目にする使い方です。必ずではありませんが、**잇따르다**には強いて言うとマイナスのシーンでよく使われる傾向があります。

뒤떨어지다 動

❶ 後れを取る・劣る
❷ 流行などに遅れる

 뒤（後ろ）＋떨어지다（離れる）が合体した造語です。文字通りの意味は「後れを取る」ですが、会話などでは「劣る」の意味でよく使われます。

열심히 달렸지만 선두 그룹에서 뒤떨어졌다.
がんばって走ったけど先頭グループに後れを取った。

例文を直訳しましたが、簡単に言うと「先頭から離れてしまった」という
意味です。ちなみに同じ意味で完璧な書き言葉に直すと、**격차가 벌어졌다**
（直訳：格差が広がった）と言います。

선진국에 비해 우주산업이 뒤떨어져 있다.
先進国に比べ、宇宙産業が遅れている。

「発展が遅れる」という意味でよく使われます。**뒤떨어지다**は「愚かだ・頭
が悪い」を意味する悪口である덜떨어지다と発音が似ていることもあり、
対象を少しバカにしているニュアンスがあります。

회사원이 되면서 유행에 뒤떨어졌다.
会社員になってから流行に遅れるようになった。

「流行に遅れる」という使い方も必ず覚えましょう！　意訳して**「流行に疎
くなった」**と訳しても大丈夫です。もちろん、他人に対して使うと悪口に
なるので注意しましょう。

차분하다 形

❶ 落ち着いている
❷ 冷静沈着だ

辞書には「（場が）落ち着いている」と載っていますが、韓国では場の雰囲気を表現するより、人の感情や性格を表すときによく使われます。「感情的」とは真逆のイメージの単語です。

우리 부모님은 둘 다 차분한 성격이다.

うちの親は二人とも落ち着いた性格だ。

辞書には「物静かだ」という意味も載っています。それでも間違いではありませんが、より言葉本来のニュアンスに近いのは、例文のシーンの場合、「**穏やかだ**」だと思います。**차분하다**にはプラスのイメージが含まれています。

화가 나서 항의하는 고객을 차분히 대응했다.

怒って抗議する顧客を冷静に対応した。

차분히と形を変えて副詞のような使い方もよくします。もう少し具体的に訳すと、お客さん同様「感情的」になろうとする心を落ち着かせて、冷静に対応したというニュアンスです。

다시 한번 차분히 생각해 보고 결정하겠습니다.

もう一度じっくり考えてから決めます。

たとえば、信頼できる知人から現在の3倍の年俸を条件にヘッドハンティングを受けました！ そんなときに使いたくなる単語です。**차분하다**には「舞い上がる気持ち」を一旦落ち着かせて、じっくり考えてから決めるというニュアンスがあります。

찝찝하다 <small>形</small>

❶ 気持ち悪い
❷ スッキリしない

辞書に載っている日本語訳だけでは意味不明だと思いますので、ここでは大きく3つのシーンに分けて찝찝하다の意味を説明します。スペルが非常に似ている찜찜하다もありますが、現代の韓国語では찝찝하다とまったく同じ単語だと理解しても問題ありません。

스니커즈에 모래가 들어가서 찝찝하다.

スニーカーに砂が入っちゃって気持ち悪い。

1つめは、**触覚としての「気持ち悪さ」**です。例文の状況をさらに찝찝하다にすると、着ているTシャツも汗でビショビショに濡れていると考えてください。まさに찝찝하다のダブルパンチです！

중고품은 왠지 찝찝해서 사기 싫다.

中古品は何か気持ち悪くて買いたくない。

2つめは**「何となく感じる汚さ」**がポイントです。例文のほかにも찝찝하다のシーンはいろいろありますよね。「カラオケのマイク」、「電車の吊り革」など……。

친구하고 화해했지만 마음이 찝찝하다.

友だちと仲直りしたけど心がスッキリしない。

最後は**「心のモヤモヤ」**からくる찝찝하다です。形としては仲直りしたけどまだわだかまりが残っているような、スッキリしない気持ちを表現したいときにネイティブはよく使います。

아담하다 _形

❶ こぢんまりとしている〜
❷ 小さくてちょうどいい

「小さい」や「狭い」という概念にプラスのニュアンスを大量に入れて作られた言葉が아담하다です。おもに「部屋」、「店」、「女性」に対してよく使います。

혼자 살기에 딱 좋은 아담한 방.

一人暮らしにちょうどいいこぢんまりとした部屋。

日本語だけ見ると「こぢんまりとしている」はシチュエーションによっては失礼にあたる場合もありますが、**아담하다はプラスのニュアンスが強い**ので、ネイティブはこの例文のような表現をよく使います。

아담하고 세련된 카페를 발견했다.

こぢんまりとしてオシャレなカフェを見つけた。

日常会話ではお店、とくにカフェに対してよく使います。具体的に言うと少し狭いけど隠れ家のようで、落ち着くカフェだという意味です。

모델 같은 여자보다 아담한 여자가 이상형이다.

モデルみたいな女性より小柄な女性がタイプだ。

ネイティブは頻繁に使う表現ですが、外国の方がこの表現を使うのはあまり見たことがありません。よい意味で**「小柄な女性」を表すもっとも自然な韓国語**ですので、フレーズを丸ごと暗記しましょう！

창의적이다 形

❶ 創意(創造)的だ・斬新だ
❷ クリエーティブだ

 言葉の意味は英語のCreativeに近いですが、それだけでは不十分です。창의적이다を理解するカギは「独創的＆革新的」というニュアンスです。まったく新しいものを生み出すイメージがあります。

한국 영화에는 창의적인 감독이 많다.
韓国映画には創意的な監督が多い。

例文は文字通り、独創的 & 斬新な作品を作る監督が多いという意味です。
창의적인+人・職業、はすごくうれしいほめ言葉です。

이 곡은 창의적인 발상이 돋보인다.
この曲はクリエーティブな発想が際立つ。

直訳だと**창의적이다**の意味が十分に伝わりにくいかもしれませんが、この
例文を具体的に言うと、曲の流れや展開などが良い意味で奇抜、斬新だと
いう意味です。

환경문제는 창의적으로 해결해야 한다.
環境問題は創意的に解決すべきだ。

창의적으로+動詞の形で副詞としても使われます。既存の解決策ではない新
しい発想・アプローチで問題を解決すべきだという意味です。

ワンポイントアドバイス

창의적이다は日本語に訳すのがむずかしい単語ですが、창의적으로 + 動詞は直訳で
「創意的に〜する」と訳して大丈夫です。

미루다 動

1. 後回しにする
2. (期限を)延ばす
3. 押し付ける

 미루다は밀다(押す)と密接な関係にある単語です。やりたくない仕事を「押して遠いところに置く」イメージで覚えましょう！　基本、「後回し」のイメージが強い単語ですが、使われるシーンによってニュアンスが少し変わったりもします。

例文 & 解説
・・・・・・・・・・・・・・・・・

◀)) 1-30

Chapter1

Chapter2

Chapter3

Chapter4

Chapter5

오늘 할 일을 내일로 미루지 마라!
今日やるべきことを明日に後回しするな！

親たちの定番フレーズ!! これをもじって飲み会に行きたがらない後輩に、오늘 마실 술을 내일로 미루지 마라!（今日飲むべきお酒を明日に後回しするな！）と冗談で言ったりもします。

응모 마감 기한을 다음 주로 미루자!
応募締め切りを来週までに延ばそう！

自分一人では決められないときやビジネスのシーンで使う場合は、「後回し」というニュアンスが薄れて、**「やむを得ない事情」で延期**するしかないというニュアンスが強くなります。

박 과장은 남은 일을 부하한테 미루고 퇴근했다.
パク課長は残った仕事を部下に押し付けて帰った。

미루다には自分から**「遠いところへ押す」**というイメージがありますが、例文の「部下」のように「人」がくると、その人にやりたくない面倒な仕事を「押し付ける」という意味に変わります。

Chapter

2

ニュアンスで
比較！
似ている単語の
使い分け

みなさんは韓国語を勉強していて類義語のニュアンスの違いがわからなくて戸惑ったり、使い方を間違ったりした経験がありますか？ この章では類義語や反対語など、関連単語との比較でニュアンスが浮き彫りになる単語をペアで紹介します。

（머리를）자르다 & （머리를）깎다

「髪を切る」を言いたいときはどっちを使う？

（머리를）자르다 [動]

■)) 2-01

미용실에서 머리를 잘랐다.

美容室で髪を切った。

みなさんがふつうに思う「髪を切る」のイメージです。男女関係なく使えますが、**女性に対してよく使います**。

韓国語では大きく分けて①자르다と②깎다という2つの動詞を使って「髪を切る」を表現します。ネイティブはシーンによって2つの表現を使い分けたりするので、単語のニュアンスがわからないと意外と混乱しやすい表現です。

(머리를) 깎다 動

🔊 2-01

이발소에서 머리를 깎았다.
理髪所で髪を切った。

じつは깎다の文字通りの意味は「削る」なので、**どちらかと言うと「刈る」に近いイメージです**。日常ではバリカンの有無に関係なく、男性に対してよく使い、女性に使うと少し変なニュアンスになります。ちなみに**이발소**（直訳：理髪所）は「床屋、バーバーショップ」を意味します。

찍다 & 찌르다

「刺す」を意味する 2 つの動詞、使い分けのコツ

찍다 動

■)) 2-02

스테이크를 포크로 찍어서 먹었다.

ステーキをフォークで刺して食べた。

まさにこの例文が찍다のイメージをいちばんうまく表現していると思います。「**上から下に**」落とすような**垂直の動き**も、찍다の大事なイメージです。ちなみに日本語では ハンコを「押す」と言いますが、韓国語では**도장을 찍다**（ハンコを刺す）と言います。

ワンポイントアドバイス

찍다は多義語なので、**사진을 찍다**（写真を撮る・シャッターを押す）、**종지부를 찍다**（終止符・ピリオドを打つ）など、さまざまな表現に使われます。いずれも「上から下の動き」を頭に入れると意味をイメージしやすいです。

84

韓国語の場合、日本語の「刺す」にあてはまる単語がいくつかあります。その中でも、いちばん基本的な①찍다と②찌르다のイメージとニュアンスを比較しながら、単語の使い方を説明したいと思います。

찌르다 動

🔊 2-02

실수로 손가락을 바늘로 찔렀다.

間違って指を針で刺した。

찌르다は左右の**水平の動きの「刺す」を表現する**ときによく使いますが、左の찍다に比べて、動作の明確な目的がない場合が多い、という特徴があります。この例文でも「針」は裁縫のための道具なので、「指を刺す」という行為自体は目的ではなく、ただのアクシデントにすぎません。ですので、**찌르다**を使うのが自然です。

다르다 & 틀리다

「違う」を意味する 2 つの表現、ネイティブも間違う？

다르다 形

🔊 2-03

나는 너랑 다르다.

私は君とは違う・異なる。

厳密に言うと、다르다は**「異なる」に近いニュアンス**です。つまり、私は君と「同じではない」という意味です。「だから君の好みや価値観を私に押し付けるな！」のような…… こういうシーンよくありますよね。

じつは①다르다と②틀리다は、ネイティブでも間違った使い方をしている人が非常に多い表現です。ネイティブから間違った内容を教わる恐れもあるので、しっかりと覚えましょう！　意外と簡単です！

틀리다 動

🔊 2-03

너의 생각은 틀렸다.

君の考えは間違っている。

틀리다は具体的に言うと、**「間違っている」に近い単語**です。つまり、君の考え（見解）は「正しくない」という意味です。そのため틀리다は、日本語の「違う」よりも遥かに使い方の範囲が狭い単語ですが、ネイティブは다르다を使うべきシーンでも틀리다を使う人が多いので注意しましょう！

어설프다 & 어눌하다

ネイティブがよく使う「下手」を意味する形容詞

어설프다 [形]

🔊 2-04

기타를 치는 모습이 너무 어설프다.

ギターを弾いている姿がすごく下手だ。

不自然な日本語訳ですが、어설프다の意味を正確に伝えるために直訳しました。具体的に言うと**「ぎこちない」に近い意味**で、日本語の慣用句「様になる」とは真逆のニュアンスがかなり入っています。

①어설프다と②어눌하다の 2 つの単語はみなさんには馴染みがないかも
しれませんが、ネイティブ同士では頻繁に使う表現です。辞書を調べて
もわかりづらい説明が載っているので、上級者でも間違って覚えている
人が多いです。

어눌하다 形

🔊 2-04

그는 항상 어눌한 말투로 이야기한다.

彼はいつも変な話し方でしゃべる。

어눌하다はおもに**「話し方」と一緒に使う**形容詞です。ネイティブなのに
たどたどしい話し方でしゃべったり、変な間で話したりする人を指します。
外国人に対して使うと「片言」を意味します。

똑똑하다 & 똘똘하다

間違ったら失礼？「賢い」を意味する形容詞

똑똑하다 形

◄») 2-05

우리 형은 참 똑똑하다.

僕のお兄ちゃんはすごく賢い。

ネイティブは日常会話で똑똑하다を**「賢い」**という意味でよく使います。
「地頭がいい」というニュアンスが強い言葉です。

①똑똑하다と②똘똘하다には落とし穴があるので、注意が必要です。両方とも「賢い」を意味する言葉なので基本的にはほめ言葉ですが、使い方を間違ってしまうと失礼にあたるケースがあります。

똘똘하다 形

🔊 2-05

옆집 아이는 참 똘똘하다.
隣の子はすごくお利口さんだ。

똘똘하다も「賢い」、「頭がいい」を意味する単語ですが、大きな違いは**「お利口さん」**というニュアンスが入っているという点です。ですので、目上の人に使うと失礼です。ネイティブの感覚では、小学校低学年以下の子どもに対してよく使う傾向があります。

상냥하다 & 자상하다

「優しい」を意味する形容詞、正しく使おう！

상냥하다 形

🔊 2-06

외국인에게 상냥하게 길을 알려주었다.

外国人に優しく道を教えてあげた。

상냥하다は「優しい」という意味に**「親切」**と**「フレンドリー」**のニュアンスが追加された言葉だと理解してください。ネイティブは상냥하다という言葉に少し「仕事感」を感じるときがあります。

韓国語には「優しい」を意味する言葉が非常にたくさんあります。大半は日本語の「優しい」と同じニュアンスですが、ここでは韓国語特有のニュアンスを持つ2つの形容詞、①상냥하다、②자상하다をピックアップして紹介します。もちろん両方ともネイティブは頻繁に使います。

자상하다 形

🔊 2-06

남자 친구는 너무 자상하다.
彼氏はすごく優しい。

자상하다は少し注意が必要な単語です。**「優しさ」+「愛情」が感じられる**ときが多いです。具体的に言うと「相手に尽くす優しさ」ですので、恋人や家族関係の人に対して使うのがベストだと思います。そこまで親しくない他人に対して使うと、場合によっては自分に好意があると誤解する人もいると思います。

Chapter2

93

수줍다 & 쑥스럽다

「照れる」を意味する言葉、リアクションで覚えよう！

수줍다 形

🔊 2-07

그녀는 프로포즈를 받고 수줍어했다.

彼女はプロポーズされて照れていた。

수줍다は日常生活では例文のように**수줍다＋아/어 했다＝수줍어했다**（照れていた）の形でよく使われます。**好きな人から告白されて、照れている女性のイメージ**で覚えましょう！　両方のほっぺが赤くなったら100点満点です！　ちなみにこういうシーンの女性の笑顔を수줍은 미소（直訳：照れる笑顔、意訳：はにかんだ笑顔）と言います。

韓国語は人の感情を表現する言葉が非常に発達した言語です。「照れる」もその一つで、大きく分けて①수줍다と②쑥스럽다があります。ここではシチュエーションとリアクションにスポットライトを当てて、わかりやすく解説したいと思います。

쑥스럽다 形

🔊 2-07

많은 사람들 앞에서 칭찬을 받으면 쑥스럽다.

大勢の人の前でほめられると照れる。

쑥스럽다は厳密に言うと、「照れる」と「恥ずかしい」の境界線に位置する言葉です。ネイティブはおもに**大勢の人の前でほめられたときの感情**を表現するために、쑥스럽다という単語をよく使います。頭（後頭部）をかく仕草をすると、間違いなく**쑥스럽다**を感じている証拠です！

창피하다 & 민망하다

「すごく恥ずかしい」はシチュエーションで覚えよう！

창피하다 形

🔊 2-08

이 의상은 너무 창피하다.

この衣装はすごく恥ずかしい。

ネイティブは自分の服装や外見から恥ずかしさを感じるときに、よく창피하다と言います。仮に自分は大丈夫でもそばにいる**友だちのファッションが変で、一緒に歩くのが恥ずかしいと感じたとき**も、よく창피하다を使って表現します。

前のページに続いて、今度は「（すごく）恥ずかしい」を意味する単語のニュアンスについて学んでみましょう！ ①창피하다と②민망하다は使い方がある程度決まっているので、シチュエーションに注目するとイメージがつかみやすくなります。

민망하다 形

 ◀)) 2-08

바지가 찢어져서 민망하다.
ズボンが破けてすごく恥ずかしい。

민망하다は、少し**「性的な」恥ずかしさ**をともなうときによく使われる傾向があります。日常では「露出度が高い」女性が前にいて、目のやり場に困るときが민망하다のシーンです。

누르다 & 밀다

「押す」を意味する2つの動詞、縦か？ 横か？

누르다 動

🔊 2-09

저기… 5층 좀 눌러 주세요.

あの… 5階（のボタン）押してください。

エレベーターのボタンは「縦」ではなく「横」から押すのでは？　と思った方もいますよね。電話機（固定電話）やテレビのリモコンのボタンなど、昔から日常でよく使うボタンは「縦」で押すものが多かったため、「ボタン＝누르다」で定着しています。ですので、**ボタンの場合は押す方向に関係なく、누르다を使う傾向があります**。

①누르다と②밀다は日本語ではどちらも「押す」と表現するので、正しいイメージが頭にないと非常に紛らわしい単語です。①누르다は上から下へ「縦の動き」と「ボタン」のイメージ、②밀다は「横の動き」と重い「段ボール」を押して動かすイメージがポイントです。

밀다 動

🔊 2-09

죄송한데, 저 좀 밀어주세요.

すみませんが、私ちょっと押してください。

밀다は「押して動く」イメージで覚えるとバッチリです!!　もう少し具体的に言うと、「ある程度重みがある物体（対象）」を「横」方向に「押す」シーンでよく使います。

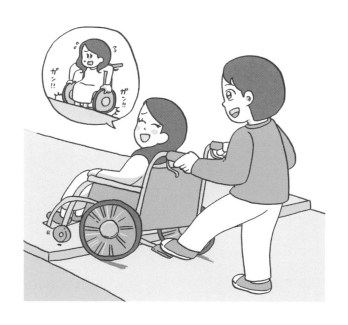

뽑다 & 빼다

「抜く」はどっちを使う? 動作のイメージを理解しよう!

뽑다 動

🔊)) 2-10

흰머리를 뽑았다.

白髪を抜いた。

アメリカのアニメなどでは、ウサギのキャラクターが土に埋もれているニンジンを無理やり力を入れて「抜く」イメージが描写されますよね。まさにそれが、뽑다のイメージです。日常では**白髪を抜くシチュエーション**などでよく使う動詞です。

韓国語では、「抜く」も①뽑다と②빼다にわけて表現します。①뽑다は「埋もれている」ものを抜くイメージで、②빼다は「挟まれている」ものを抜くイメージです。

빼다 動

🔊 2-10

햄버거에서 양파는 빼주세요.
ハンバーガーから玉ねぎは抜いてください。

빼다＝取り除く、と覚えている人もいますが、あくまで結果に基づいた意訳であって、**빼다自体に「除去」の意味はありません**。本棚から読みたい本を「取り出す」とき、韓国語では 책장에서 책을 빼다（本棚から本を抜く）と言います。

(돈이) 깨지다 & (돈을) 날리다

「お金」に関する慣用句の違い、正しく理解しよう！

(돈이) 깨지다 動

🔊 2-11

교통사고를 당해서 치료비가 깨졌다.

交通事故に遭って治療費が割れた。

「お金が割れてなくなる」イメージを連想してください。（돈이）깨지다は
自分の意思とは関係なくお金を払わざるを得ない状況の、「心理的な痛み」
を表現した言葉です。つまり、「痛いと思う出費」によく使います。

世界のさまざまな言語で、お金に関する言葉はよく使いますよね。ここ
では韓国人がよく使うお金に関する慣用句を学んでみましょう！　理解
のためには「直訳も大事」です。①돈이 깨지다（お金が割れる）と②
돈을 날리다（お金を飛ばす）を紹介します。

（돈을）날리다 動

🔊 2-11

경마장에서 거액의 돈을 날렸다.

競馬場で巨額のお金を飛ばした。

前の例文とは裏腹に「自分の意志」でお金を「飛ばし（使い）」、その結果、
お金を失ったというニュアンスです。日常では「ギャンブルや投資」で多
額のお金を失ったときなどによく使われる言葉です。

쓰다 & 적다

「書く」を意味する動詞、韓国人のように使うコツ!!

쓰다 動

🔊 2-12

태블릿PC를 이용해서 소설을 쓰고 있다.

タブレット端末を使って小説を書いている。

쓰다はさまざまなシーンで使える便利な単語です。例文のように**物理的に
ペンを使わなくても**、「書く」という意味が入っていれば「パソコンのタイ
ピング」に対しても使えます。

一般的に「書く」＝①쓰다と覚えている方が多くいますが、ネイティブはシチュエーションによっては②적다という単語を好んで使います。적다のイメージとよく使われるシーンを結びつけて覚えましょう！

적다 動

🔊 2-12

달력에 내일 스케줄을 적었다.
カレンダーに明日のスケジュールを書いた。

적다を「書き留める」と訳している辞書もありますが、日本語とは違う使い方をするシーンもあるので注意が必要です。**적다は「手書き」のニュアンスが強い単語です。**そのため、「アンケート」や「解答用紙」にペンで直接書く場合、적다を使うネイティブが多いです。

다투다 & 싸우다

「ケンカする」を意味する韓国語、ニュアンスの違いは？

다투다 動

🔊 2-13

소음 문제로 옆집 아줌마랑 다퉜다.

騒音問題で隣のおばさんと揉めた。

다투다は**「揉める」**と**「ケンカする」**の間に位置する単語です。싸우다より「常識的」というか、少し上品な言い方なので、会話よりも書き言葉のようなニュアンスが強い表現です。

「ケンカする」を意味する싸우다も初級で学ぶ単語のひとつで、「ケンカする」＝싸우다と覚えている方が多いです。ネイティブは①다투다と②싸우다を使い分けるので、そのニュアンスの違いを紹介します！

싸우다 動

🔊 2-13

술에 취한 아저씨들이 싸우고 있다.

酔っ払ったおじさんたちがケンカしている。

싸우다はありとあらゆるケンカのシーンで使えますが、**다투다より「激しい」イメージ**があります。とくに「暴力」をともなうケンカをネイティブは다투다とは言わないので注意しましょう！

ワンポイントアドバイス

ネイティブは友だちとのケンカを第三者に愚痴るとき、**다투다**と**싸우다**を使い分けます。たとえば、仲直りなど要らない軽い口喧嘩を다투다ではなく싸우다を使って表現すると、その愚痴を聞いた第三者を余計に心配させるなど、誤解を招く可能性があります。

쏙쏙 & 쑥쑥

スペルも発音も似ているオノマトペ、その違いは？

쏙쏙 副

🔊 2-14

선생님의 설명이 머릿속에 쏙쏙 들어온다.

先生の説明が頭の中に"쏙쏙"入ってくる。

쏙쏙は**何かが「スッと入ってくる」**イメージを強調する単語です。授業や講義のシーンで頻繁に使われており、説明が頭に入ってくるのが目に見えるくらいわかりやすいという意味を強調します。

①쑥쑥と②쑥쑥は韓国人がよく使うオノマトペの一つですが、翻訳が不可能な言葉なので比較して覚えましょう。ここではあえて訳さずに、イメージとニュアンスだけで説明します。日本語に訳さないほうが韓国語の本来の意味に近づけるはずです!

쑥쑥 副

🔊 2-14

여름 방학 동안 남동생의 키가 쑥쑥 자랐다.
夏休みの間、弟の背が"쑥쑥"伸びた。

쑥쑥は左の쑥쑥とは逆に、「外に」向かって伸びるイメージを強調します。いちばん使われるシーンは子どもや植物などの成長のシチュエーションです。あえて「すくすく」と訳さずに、韓国語のイメージをそのまま覚えましょう!

쏠리다 & 기울다

「傾く」の韓国語、イメージからニュアンスを理解しよう！

쏠리다 動

🔊 2-15

국민의 관심이 축구에 쏠리고 있다.

国民の関心がサッカーに集まっている。

飛行機の中を連想しましょう。飛行機が「傾く」と中の荷物も傾いた方向に「集まります」。つまり、下のイラストからわかるように、**쏠리다**は「**傾く**」と「**集まる**」の意味を同時に持つ言葉なのです。

①쏠리다と②기울다は両方とも「傾く」と訳される言葉ですが、二つの
動詞のイメージの違いを理解すると意味やニュアンスまで理解できる不
思議な単語です。
①쏠리다は「飛行機の中の貨物」、②기울다は「天秤」のイメージです。

기울다 動

◀)) 2-15

피자와 라면… 라면으로 마음이 기울었다.

ピザとラーメン…ラーメンに心が傾いた。

何を食べるか悩んだ末、心が傾いたシチュエーションです。**기울다には「天
秤」のイメージ**があるので、AとB、2つの選択肢から結論が出たときによ
く使われる傾向があります。

소장하다 & 간직하다

「大事にする」を意味する言葉の大きな意味の違い！

소장하다 動

🔊 2-16

한정판 피규어를 소장하고 있다.

限定版のフィギュアを大事に持っている。

소장하다を直訳すると「所蔵する」なので、元々は博物館などでしか使わない言葉でしたが、最近は**「オタク」**や**「〇〇コレクター」たちの間で「大事に保管する」**、つまり**「コレクト（Collect）」の意味**でよく使われています。

①소장하다と②간직하다の２つの動詞は「大事に（保管）する」を意味する単語ですが、ニュアンスと使い方は大きく違います。とくに①소장하다は最近、使い方が変わった単語なので、正しいニュアンスを覚えましょう！

간직하다 動

🔊 2-16

아버지의 유품을 지금도 간직하고 있다.

父の遺品・形見を今も大事にしている。

간직하다は思い出や夢、信念など、抽象的な心持ちにも使えます。具体的には昔の恋人とのラブレターや親の形見、卒業アルバムなど、他人には価値がないけど自分にとってはプライスレスな思い出の品を「大事にしている」というニュアンスがあります。

113

벗기다 & 떼다

「剥がす」を意味する2つの動詞、使い方が全然違う！

벗기다 動

🔊 2-17

상품의 비닐포장을 벗기고 있다.

商品のビニール包装を剥がしている。

벗기다は直訳すると「脱がす」ですが、「剥がす」や「剥く」に近い意味で よく使われます。**「薄い膜」を除去するイメージ**なので、日常では「ビニール」や 料理などの下処理で肉や魚などの皮を除去する（剥く）ときによく 使われます。

떼다 動

🔊 2-17

상품에 붙은 스티커를 떼고 있다.

商品に貼ってあるステッカー／シールを剥がしている。

떼다は**表面に付いている粘着性のあるものを「剥がす」イメージの単語**です。
ですので、日常ではステッカーやシールを剥がすシーンで使うのがピッタ
リです。

마음대로 & 마음껏

似ているようでまったく違うニュアンスを持つ副詞

마음대로 副

🔊 2-18

아내가 마음대로 남편의 게임기를 버렸다.

妻が勝手に夫のゲーム機を捨てた。

마음대로を直訳すると「思うがままに」という意味ですが、ほとんどの場合はマイナスのニュアンスで使われるので、**日本語の「好き勝手に」に近い**です。「自己中＆非常識」で覚えましょう！

①마음대로と②마음껏は直訳だけ見ると同じ「思うがままに」を意味しますが、ニュアンスが真逆です。間違って使う人が非常に多い副詞なので、使い方とニュアンスを結びつけながら、下の例文を丸ごと覚えましょう！

마음껏 副

🔊 2-18

시험이 끝났으니까 마음껏 즐기세요.

試験が終わったから思う存分楽しんでください。

마음껏も直訳の意味は、마음대로と同じく「思うがままに」ですが、마음껏はプラスのニュアンスが強いので、**日本語の「思う存分」とほぼ同じ意味**としてよく使われます。

훑어보다 & 살펴보다

반대の意味を持つ「見る」に関する2つの動詞

훑어보다 動

🔊 2-19

쉬는 시간에 회의자료를 훑어보고 있다.
休み時間に会議資料に目を通している。

훑어보다は直訳すると「ざっと目を通す」という意味ですが、適当に目を通すようなマイナスのイメージではありません。実際ネイティブは「重要なところだけ絞って」目を通すという、プラスに近い意味でよく使います。

①훑어보다と②살펴보다の2つの動詞は漢字由来の韓国語ではなく、純粋な韓国語なので、イメージを連想するのがむずかしいと思います。基本は反対の意味ですので、ニュアンスに注意しながらセットで覚えましょう！

살펴보다 動

◀» 2-19

어디에 문제가 있는지 자세히 살펴보고 있다.
どこに問題があるのか細かく念入りに見ている。

살펴보다は虫メガネを使って念入りに調べるイメージで覚えましょう。言葉のイメージから、自세히（詳しく・細かく）や면밀하게（綿密に）といった単語と一緒に使われるケースが多いです。

당황하다 & 황당하다

당황? 황당? 順番が変わると意味も変わる！

당황하다 動

🔊 2-20

그의 돌발적인 행동에 당황했다.

彼の突発的な行動に慌てた。

下のイラストのリアクションに注目しましょう！ **당황하다は突発的な出来事や人の理解できない行動**に遭遇して「慌てる」ときによく使う言葉です。

辞書を調べてもネイティブが感じる正しいニュアンスが載っていないので、みなさんに正しいイメージとニュアンスを伝えたかった単語です。①当惑と②荒唐、ハングルでは文字の順番が逆になっただけですが、意味もニュアンスもまったく違うので正しいイメージで覚えましょう！

황당하다 形

◀)) 2-20

그의 돌발적인 행동에 황당했다.

彼の突発的な行動に呆れた。

당황하다の例文とシチュエーションは同じですが、そばにいる人が違う反応をしています。황당하다は**「呆れる」のイメージが強い言葉**です。下のイラストの「なんだこいつ!!」がすべてを物語っていると言っても過言ではありません。

Chapter

3

知って納得！
感情や性格を
表す単語

韓国語には人の細かい感情や性格を表す単語が非常に多くあります。日本語では一言で表すのが困難な単語がほとんどですので、この機会にイメージと解説を通して韓国語の本当のニュアンスを感じてみましょう。

뿌듯하다 _形

❶ 胸がいっぱいだ
❷ やりがいを感じる

뿌듯하다はうれしさ・喜びで胸がいっぱいだという意味です
が、何かを成し遂げて感じる達成感、やりがいのようなニ
ュアンスがあります。そのため、①胸がいっぱいだと②や
りがい（達成感）を切り離して使わない特徴があります。
たとえば、「大好きなアイドルから直筆サインをもらって胸
がいっぱいだ」のようなシーンでは使いません。

합격을 위한 목표점수를 달성해서 뿌듯하다.

合格のための目標点数を達成して胸がいっぱいだ。

뿌듯하다はテストで目標としていた点数が取れたり、目標の体重までダイエットに成功したり、**何かを達成して感じる喜び**を表現するときによく使う単語です。

대학생이 된 아들을 보니 마음이 뿌듯하다.

大学生になった息子を見て胸がいっぱいだ。

一応、**親として最低の使命は達成してうれしい**というニュアンス。子どもの成長（入学・結婚）を見て「達成感」を感じる場面で使います。

오랜만에 대청소를 해서 너무 뿌듯했다.

久しぶりに大掃除をしてすごくやりがいを感じた。

溜まっていた家事をしたあとに感じるうれしさのように、**日常のささやかな達成感・やりがい**に対してもよく使います。

대견하다 [形]

1. 誇らしい
2. 感心だ

相手を誇らしく思ったり、相手の成長に感心したりしたときによく使う単語です。上から目線のようなニュアンスがあるので、目上の人に使うのは禁止です！

올림픽에서 금메달을 딴 딸이 대견하다 .

オリンピックで金メダルをとった娘が誇らしい。

この単語にピッタリなシチュエーション!! 実際、대견하다は**金メダルをとった選手の親御さん**のインタビューのシーンでいちばん使われる単語だと思います。

어려운 환경에서 성공한 내 자신이 대견하다 .

劣悪な環境で成功した自分自身が誇らしい。

基本、相手を誇らしく思ったときに使う単語ですが、この例文のように**客観的にすごいことを成し遂げた自分に対して使うとき**もあります。

혼자서 이불을 개는 4살 아들이 대견하다.

一人で布団を畳んでいる4才の息子に感心した。

대견하다は子どもの成長を感じるシーンでよく使います。前のページで紹介した뿌듯하다と意味が似ていますが、違いは**相手を「えらい」と思う感情**にスポットライトを当てている点です。

> **ワンポイントアドバイス**
>
> 대견하다と同じ意味の単語に자랑스럽다(誇らしい)もあります。자랑스럽다(誇らしい)は誰に対しても使える単語ですが、대견하다は相手とかなり近い関係(家族や友人、恩師など)の人がよく使う傾向があります。ですので、オリンピック金メダルニュースの街頭インタビューでは자랑스럽다、選手の家族や恩師とのインタビューでは대견하다をよく耳にします。

서운하다 形

❶ 寂しい
❷ 名残惜しい

 日本語では「寂しい・名残惜しい」としか訳せない単語ですが、自分と相手（あるいは状況）の感情の差が激しいときによく使う単語です。右の例文とシチュエーションを結びつけて覚えましょう！

◀)) 3-03

사귀고 있지만 , 짝사랑 같아서 서운하다 .

付き合っているのに片思いみたいで寂しい。

自分と相手との愛情の差による寂しさを感じるときによく使います。恋人同士でよく使う単語なので、**恋愛ドラマには必ず出てくる**はずです。

졸업식날 , 친구들과 헤어지기가 서운하다 .

卒業式の日、友だちと別れるのが名残惜しい。

卒業式のように、親しかった人との別れのときにもよく使います。この場合は、自分は別れたくない気持ちなのに、卒業式という状況がそうせざるを得ない、そのような**対比による寂しさ、名残惜しさ**を表しています。

부모님이 남동생만 예뻐해서 너무 서운하다 .

両親が弟だけをかわいがってすごく寂しい。

서운하다が自分だけが**理不尽な待遇を受けたり、えこひいきを目の当たり**にしたりしたときに感じる「寂しさ」を表現しています。서운하다はほとんどの場合、類義語の**섭섭하다**に置き換えて使うことが可能です。

類 섭섭하다（寂しい）

억울하다 形

❶ 悔しい・無念だ
❷ 納得がいかない

 辞書に載っている意味だけでは、絶対理解できない単語です。まず、濡れ衣を着せられたときの「悔しさ・鬱憤・理不尽さ」をイメージしてみましょう!! そこがポイントです。

🔊 3-04

내 잘못이 아닌데 혼나서 너무 억울하다.

私のミスじゃないのに怒られてすごく悔しい。

次のシチュエーションを連想してください。部長から、昨日取引先に送ったメールのミスでこっぴどく怒られた。しかし、そのメールは先輩が送ったメールで私とは関係なかったのに、部長の勘違いを指摘するような雰囲気ではなかったので、黙って怒られていた。こういうときに感じる**悔しさや納得できない気持ちが억울하다**です。

불륜 보도에 대해 억울하다고 대답했다.

不倫報道について納得がいかないと答えた。

日常会話では事実無根の噂が広まったり、**人々から誤解されたりしたときに感じる気持ち**を表す単語としてよく使います。

이번 주는 휴일에도 일을 해야 해서 억울하다.

今週は休日も仕事をしなきゃいけなくて理不尽だ。

土日休みの仕事なのに休日も出社しなきゃいけないとき、**何か悔しいし、理不尽だ**と思いますよね? そういうときにもピッタリな単語です。

답답하다 形

❶ もどかしい・歯がゆい
❷ 息苦しい

 この単語を韓国語のニュアンスを生かして直訳すると、「心が窮屈だ」という訳になります。この直訳と、辞書に載っている意味の「思い通りに行かない歯がゆさ」を合体して理解しましょう。

선수들이 지시대로 움직이지 않아서 답답하다 .

選手たちが指示通りに動いてくれなくてもどかしい。

この例文からは「俺ならもっと上手くできるのに!!」という監督の心の声が
聞こえてくる気がします。この表現には**「イライラ」のニュアンス**もかな
り含まれています。

생각한 대로 일이 풀리지 않아서 답답하다 .

思い通りに仕事が進まなくて歯がゆい。

답답하다は相手の行動に対して使うケースが多いのですが、**思い通りに行**
かない状況や膠着状態に対してもよく使う単語です。

답답한 사무실에서 벗어나 여행가고 싶다 .

息苦しいオフィスから離れて旅行に行きたい。

直訳の「心が窮屈だ」を連想してください。**답답하다 + 場所の場合は「息**
苦しい○○（場所）」と訳しても大丈夫です。

산만하다 ^形

❶ 散漫だ・気が散る
❷ 落ち着かない

 物が散らかっている様子を表す単語ですが、日常生活では雑念などで「集中できない、気が散る」という意味として使う場面が多いです。

🔊》 3-06

여동생은 집중력이 없고 산만하다 .

妹は集中力がなく、落ち着きがない。

人に使うときは、とくに**子どもに対して使うケースが多い**です。この場合は少し「多動症」のニュアンスも含みます。

회의실의 분위기가 매우 산만하다 .

会議室の雰囲気がすごく落ち着きがない。

単純にうるさいというより、**統制が効いていない会場や会議室の散漫な雰囲気**を表すときによく使う単語です。動線が悪くて人々がつねに行ったり来たり動いているような会場をイメージするとよいでしょう。この場合は類義語の**어수선하다**に置き換えることも可能です。

類 어수선하다 （落ち着きがない）

ワンポイントアドバイス

어수선하다は日本語で表現しにくい単語のひとつで、近い意味としては「落ち着きがない」です。산만하다と同じ場所・会場、場の雰囲気などを表すときに使いますが、ひとつ目の例文のようなシーンではあまり使いません。

시계 소리에 정신이 산만해서 집중하기 어렵다 .

時計の音に気が散って集中しづらい。

例文のように、時計の音のように何かが気になって気が散るときなどに、ネイティブは**정신이（精神が）＋ 산만하다**とよく言います。

한결같다

❶ 一貫している
❷ 変わらない・一途だ

何十年経っても変わらない老舗のように、建物の外観など
が「変わらない」という意味でも使いますが、日常会話で
は何かに対する愛情、気持ちが「変わらない」という意味
でよく使います。

어머니의 사랑은 한결같다 .

お母さんの愛は変わらない。

子どもに対する親の「一途な愛情」を表すときによく使います。

남편의 한결같은 마음에 감동했다 .

夫の一途な心に感動した。

もちろん、日本語の「一途だ」同様、夫婦の愛や恋愛ドラマなどのシーン
でもよく使います。**마음（心）、사랑（愛・情愛）など、気持ちを表す言葉
と一緒に使われるケースが多い**です。

베테랑이지만 지금도 한결같이 노력한다 .

ベテランなのに今もひたむきに努力する。

한결같다は한결같이に形を変えて、副詞のように使うことがあります。そ
の場合は「**ひたすら**」や「**ひたむきに**」と訳すのが自然です。そして、こ
の例文のように、愛情ではない変わらない気持ちを表している場合は「初
心を忘れていない」というニュアンスもあります。

가식 名

1 飾り気
2 猫を被ること

 辞書には「飾り気」、「猫を被る」と訳されている単語です
が、가식には「偽善者」のようなニュアンスがあります。
日本語訳よりもマイナスなイメージがもっと強いです。

어른이 되면 가식없이 친구를 사귀기 힘들다 .

大人になってからは飾り気なしで友だちを作りづらい。

子どもの頃とは違って、素のままの人付き合い、日本語で言うなら「本音を話せるような友だち」を作るのがむずかしいという意味の例文です。ちなみに**가식없는 사람**は「裏表がない人」を指します。

> **ワンポイントアドバイス**
>
> 「〜(し) づらい」は、〜(하)기 힘들다を使って表現しましょう!
>
> 例 食べづらい → 먹기 힘들다、読みづらい → 읽기 힘들다

정치가들은 선거 때만 가식적으로 행동한다 .

政治家らは選挙のときだけ猫を被って行動する。

残念ながら韓国も「政治家=偽善者」というイメージが強いです。**가식（飾り気）+적으로（〜的に）**の形で、副詞のような使い方もよくします。実際・本音は違うのに表では「いい人を演じる」といったニュアンスがあります。

그 배우의 가식적인 미소가 마음에 안 든다 .

その俳優の作り笑いが気に入らない。

ニュアンスを伝えるために少し誇張して訳すと、絶対性根が悪い人だと踏んでいるのに、良い人ぶって作り笑いするところが気に食わないという意味合いがあります。2つめの例文と似たような使い方ですが、**가식（飾り気）+적인（〜的な）**の形で、形容詞としても頻繁に使うので一緒に覚えましょう!

순진하다 形

❶ 純真・素直だ
❷ うぶだ・騙されやすい

ばあちゃん!? オレオレ!! じつは事故っちゃって…

まぁ大変!!

 元々の意味はプラスなイメージですが、実際、ネイティブが日常生活で使うときは「世事に疎い」、「ピュアすぎて騙されやすい」のように、ほぼ悪口に近い意味で使われるケースが多いです。

순진한 할머니 , 할아버지를 속인 사기꾼 .

純真なおばあちゃん、おじいちゃんを騙した詐欺師。

순진하다には「世事に疎い」、「騙されやすい」というニュアンスが含まれています。この場合、類義語の**순박하다**（純朴だ）も使えますが、マイナスなイメージがもっと強いという点に注意しましょう！

類 순박하다（純朴だ）

사람이 너무 순진한 것도 문제다 .

人がピュアすぎるのも問題がある。

実際の使い方はマイナスなイメージが強い単語なので、**순진하다を「直すべき性格」や「悪口」として認識**している人が多いです。

그의 마음은 어린아이처럼 순진하다 .

彼の心は幼い子どものようにピュアだ。

プラスな意味を伝えたいときは、순진하다の前に**어린아이처럼**（子どものように）をつけましょう。しかし、シチュエーションによっては皮肉にも聞こえるときがあるので、その場合は순진하다ではなく、プラスなイメージが強い**순수하다**（純粋だ）を使いましょう！

속상하다 形

❶ 心が痛むほど悲しい
❷ むしゃくしゃする

 속상하다は 속（中/心）+상하다（傷つく）であり、心が痛む
ほど悲しい、ことを指します。韓国人は誇張して表現する
のが好きな民族なので、日常では슬프다（悲しい）に匹敵す
るぐらい頻繁に使います。

새로 산 차에 흠집이 생겨서 속상하다 .

新しく買った車にキズができて悲しい。

この例文のシチュエーションを連想してください。속상하다のニュアンス
がいちばん感じられる例文だと思います。

ワンポイントアドバイス

「傷がつく」と言いたいとき、상처가 생기다/나다を使う方が多くいますが、車やバ
ックなどの物にできた傷の場合、ネイティブは흠집이 생기다/나다もよく使います。

아이 얼굴에 상처가 생겨서 속상해 죽겠다 .

子どもの顔にキズができて死ぬほど悲しい。

日常では속상하다に〜죽겠다（死ぬほど〜、〜して死にそう）をつけて、
속상해 (서) 죽겠다の形でも頻繁に使います。日本語で言うなら、「悲しく
てしかたない」ということです。そして、ネイティブは同じ傷でも何にで
きるかで表現を変える傾向があります。**車など物に付くキズは흠집、人な
ど生き物の傷は상처**を使うのが自然な韓国語です。

친구가 시험에 떨어져서 나도 속상하다 .

友だちが試験に落ちて私もすごく悲しい。

他人の不運なことに속상하다を使うと、**슬프다 (悲しい) よりも「共感し
て」悲しんでいるニュアンス**がさらに増します。ですので、ネイティブは
속상하다をよく使う傾向があります。
類 슬프다 (悲しい)

낯을 가리다 慣

人見知りをする

 直訳すると낯（顔）＋가리다（分類する）なので、日本語の「人見知りをする」に当てはまる表現です。しかし、日本語の「人見知り」よりも「緊張する」や「恥ずかしい」という感情にスポットライトを当てた慣用句です。

나는 어려서부터 낯을 가리는 편이다 .

私は幼い頃から人見知りをするほうだ。

ネガティブな性格を表す場合、ネイティブは表現を和らげるために、〜**하는 편이다**（〜するほうだ）という言い方をよく使います。

낯을 가리는 성격을 고치고 싶다 .

人見知りをする性格を直したい。

ちなみにネイティブは「낯을 가리다（人見知りをする）」の反対語で**사교성이 좋다（社交性がいい）**をよく使います。

反 사교성이 좋다（社交性がいい）

ワンポイントアドバイス

> 낯을 가리다（人見知りをする）の反対語に、낯을 안 가리다（人見知りをしない）という表現もありますが、誰が抱っこしてもニコニコ笑う赤ちゃんのように、おもに子どもに対して使うので注意が必要です。大人の場合は 사교성이 좋다（社交性がいい）を使いましょう！

낯을 가려서 발표하기가 무섭다 .

人見知りなのでプレゼンをするのが怖い。

낯을 가리다は大勢の人の前で**「緊張している」**という**ニュアンス**も含んでいるので、この例文のようなシーンでよく使う**울렁증（あがり症）**という単語も一緒に覚えましょう！

느끼하다 _形

❶ 脂っこい
❷ 顔が濃い

 80年代後半にラテン系のイケメンを「ソース顔」と表現していた時代がありましたね。顔が濃い「ソース顔」の男性が自分のタイプではないとき、ネイティブは食べ物の「脂っこさ」にたとえて느끼하다とよく言います。一応、顔が整ったイケメンに対して使う傾向がありますが、「自分のタイプ・好みではない」ときによく使う表現なので、本人の前では注意が必要です。

어제 만난 남자는 얼굴이 너무 느끼했어 .

昨日出会った男は顔が濃くてタイプじゃなかった。

日本語にピッタリな表現がないので、使う頻度に疑問を持つ方がいると思いますが、**미팅**（合コン）、**소개팅**（友だちの紹介・紹介デート）など日常生活でとてもよく使います。ドラマなどのシーンで観察してみてください。

이 피자는 치즈가 너무 많아서 느끼해요 .

このピザはチーズが多すぎて脂っこいです。

この例文のように、**食べ物の脂っこさを表現**するときにもふつうに使います。ちなみに韓国の洋食屋さんはピクルスの代わりにキムチを出すところも多いです。

느끼한 대사가 많은 드라마는 딱 질색이다 .

クサイセリフが多いドラマはまっぴらごめんだ。

タイプの男性に関する話以外のシーンでは、**プロポーズのときのセリフじみた愛の言葉やドラマなどのクサいセリフ**などに対しても느끼하다がよく使われます。同じようなシーンでは類義語の**오글거리다**もネイティブはよく使います。

類 오글거리다（ぞっとする）

ワンポイントアドバイス

韓国ドラマの「느끼한/오글거리는 대사（クサイセリフ）」をいくつか紹介しましょう。

例 너를 만나기 위해서 태어났어.（君に出会うために生まれたよ。）

例 내 심장이 당신을 기억하고 있어.（私の心臓があなたを覚えている。）

例 기억해! 1월7일 오후10시 정각, 내가 너한테 반한 시간.（覚えといて！ 1月7日午後10時定刻、俺がお前に惚れた時間。）

고지식하다 形

❶ 頭が固い
❷ 融通が利かない

この単語の由来と고の漢字表記については諸説（古or固or高）ありますが、ネイティブは고（古）+지식（知識）という意味として認識している人が多いです。ですので、韓国人は고지식하다を見ると「古臭い考え方」にこだわっている人を連想します。

우리 아버지는 너무 고지식하다 .

うちのお父さんはすごく頭が固い。

고지식하다には、子どもたちやほかの人のアドバイスなどに聞く耳を持たない「頑固おやじ」のようなイメージがあります。

부장님은 고지식해서 모두가 싫어한다 .

部長は融通が利かないのでみんなに嫌われている。

自己中というか、**頑固すぎて「融通が利かない」ニュアンス**。고지식하다はこのように悪口として使うケースがほとんどです。

대중음악을 무시하는 것은 고지식한 생각이다 .

大衆音楽をバカにするのは古臭い考え方だ。

생각（考え）とセットで時代錯誤な考え方を批判するときにも使います。

예민하다 _形

❶ 鋭敏だ・敏感だ
❷ 神経質だ・ピリピリする

 直訳すると「鋭敏・敏感だ」になるので、文字通り神経や感覚が鋭い・優れているという意味です。しかし、人に対して使うとネガティブなニュアンスがあるので注意!!

작은 소리에도 굉장히 예민하게 반응한다 .

小さい音にもすごく敏感に反応する。

人に対して使うと**「無駄に」敏感だというニュアンス**があります。ちなみに 예민한 사람は「すべてに過敏に反応して厄介な人」という意味です。
類 민감하다（敏感だ）

개는 인간보다 후각이 예민한 동물이다 .

犬は人間より嗅覚が敏感な動物だ。

人ではない動物などに使うと、**本来の意味通り「敏感だ」の意味を持つ**ことが多いです。この例文の場合は、嗅覚が「優れている」と訳しても自然だと思います。

사춘기가 되면 누구나 예민해진다 .

思春期になると誰もが神経質になる。

예민하다にはネガティブなニュアンスがあるので、使われるシーンによっては**「神経質」**や**「ピリピリしている」**と訳してOKです。

털털하다 _形

❶ 気さくだ・屈託ない
❷ 裏表がない

とくに女性が「気さくな性格」の場合によく使います。個人的にはほめ言葉だと思いますが、ネイティブ同士でもこの単語の解釈をめぐって温度差があるのも事実です。右の例文で詳しく見てみましょう!!

🔊 3-15

예쁜 얼굴과는 다르게 성격이 털털하다 .
かわいい顔とは裏腹に性格が気さくだ。

辞書には載っていませんが、この単語には「**裏表がない**」や「**ぶりっこではない**」というニュアンスが含まれています。

예민한 여자보다는 털털한 여자가 좋다 .
気難しい女性よりは気さくな女性が好きだ。

この例文のように、前ページの예민하다（神経質だ）の反対語として**털털하다**を使うことも可能です。とくに男性の場合、털털하다をほめ言葉として認識している人が多いです。

대부분의 여자는 "털털하다" 는 표현을 싫어한다 .
女性の大半は "털털하다" という表現が嫌いだ。

結果論ですが、「ボーイッシュな女子」が気さくな場合が多いので、ネイティブの女性の中には、この単語を「**男っぽい**」と誤解している人が多い印象があります。ですので、女性に向かって使う場合は注意が必要です！

먹먹하다 形

❶ 胸が詰まる（悲しい）
❷ 耳がよく聞こえない

「悲しさ」で胸が詰まっているイメージを連想しましょう。稀に物理的な意味（詰まっている）として使うときもありますが、おもに悲しい感情を表す単語だと覚えてください。

아버지 영정사진을 보니 가슴이 먹먹해졌다 .

お父さんの遺影を見たら胸が詰まった。

「言葉では言い表せない」+「胸が詰まるような悲しさを感じた」という意味の例文を直訳しました。実際は胸が詰まるような悲しみを感じた「瞬間」を表現するときが多いので、形容詞 + 〜아/어/해졌다（〜くなった）の形で**먹먹해졌다**をよく使います。**ショックすぎて言葉を失った**というニュアンスもあります。直訳と左のイラストでニュアンスを感じましょう！

귀가 먹먹해서 이비인후과에 갔다 .

耳が詰まっているような気がして耳鼻科に行った。

物理的な意味で使う場合は、**一般的に耳が詰まっているとき**しか使いません（鼻などに対してはあまり使わない）。

전쟁뉴스를 보니 갑자기 가슴이 먹먹해졌다 .

戦争のニュースを見ていきなり胸が詰まった。

ほとんどの場合、**가슴이（胸が）+ 먹먹하다**の形で使います。

ワンポイントアドバイス

먹먹하다とスペルと発音が似ている単語に막막하다もありますが、まったく違う意味なので、注意しましょう！ 막막하다は辞書を調べるといろいろな意味が載っていますが、ネイティブは「途方に暮れる」、「（未来が）絶望的だ」の意味としてよく使います。ドラマでは親を亡くした幼い主人公、夫の会社が倒産して途方に暮れる妻などのセリフで頻繁に耳にしますので、よく観察してみてください。

例 앞으로 어떻게 살아가야 할 지 막막하다.
（これからどう生きていけばいいのかわからない・絶望的だ。）

아련하다 ^形

❶ おぼろげだ
❷ 懐かしい・いたわしい

元々は思い出などが「おぼろげだ」という意味でしか使わない単語でしたが、最近の若者は本来の意味とは違う「懐かしい」や「いたわしい」の意味でもよく使っています。その使い方も右の例文で一緒に覚えましょう！

어린시절의 아련한 추억이 떠오른다.

幼い頃のおぼろげな思い出が頭に浮かぶ。

うまく思い出せないけど、いい思い出というニュアンスがあります。このように元々は추억（追憶・思い出）とセットで使う単語です。

오랜만에 옛날 영화를 보니 아련해졌다.

久しぶりに昔の映画を観たら懐かしくなった。

日本語の「懐かしい」とまったく同じ意味として使っている若者が急増しています。厳密に言うと間違った意味＆使い方ですが、最近は本当に頻繁に使うので押さえておきましょう！

우리 할머니의 뒷모습이 아련하다.

うちのおばあちゃんの後ろ姿がいたわしい。

「いたわしい」に近い意味で使ったりもします。30代半ばを境目に、このような使い方をする若者が多い印象です。

뻔뻔하다 形

❶ 図々しい・厚かましい
❷ 虫がいい

 日本語に訳すと「図々しい」の意味ですが、「身勝手」と「自分のミスや過ちを認めない態度」が合体したイメージで覚えましょう！ シチュエーションによっては「虫がいい」と翻訳される場合もあるので、右の例文で一緒に確認してみましょう！

그 남자는 새치기를 하고도 너무 뻔뻔했다 .

その男は割り込んだあともすごく図々しかった。

この例文のままの表現でもOKですが、너무 뻔뻔하다の前に**미안해하는 기색도 없이**（悪びれた様子もなく）を付け加えると、より뻔뻔하다のニュアンスが際立つ表現になります。

범인은 재판 중에도 뻔뻔한 태도로 일관했다 .

犯人は裁判中も図々しい態度を貫いた。

自分が犯した罪に対する反省の様子が見られなかったことに対して、「**図々しさ**」、「**厚かましさ**」を感じたニュアンスがよく伝わる例文です。

도와줬는데 불평을 하다니 정말 뻔뻔하다 .

助けてあげたのに文句を言うなんて本当に虫がいい。

この例文のような場合は悪いことをしたわけではないので、「**身勝手**」のニュアンスが強いです。「虫がよすぎる」と翻訳しても自然だと思います。

성가시다 _形

❶ うっとうしい・厄介だ
❷ 面倒くさい・煩わしい

 日本語の「うっとうしい」よりも「イライラ感」が強く伝わる単語です。シチュエーションによっては「面倒くさい・煩わしい」と訳されます。

모기가 한 마리 방 안으로 들어와서 성가시다 .
蚊が一匹部屋の中に入ってきてうっとうしい。

左のイラスト、そのまんまの例文です。「すごく忙しいのによりによって
……」という男性の声が聞こえてくるような気がします。**「イライラ感」が
ポイント**です。

성가시게 해서 정말 죄송합니다만…
煩わしくして本当に申し訳ないですが…

忙しそうな相手に質問するときや何度も相手にお願いするときなどによく
使うフレーズです。日本語で「ご面倒をおかけして」の意味です。**自分を
下げているので良い印象**を与えます。

번호를 따려는 남자들이 너무 성가시다 .
ナンパをしてくる男たちがすごくうっとうしい。

번호를 따다は直訳すると「(電話) 番号をもぎ取る」になります。**「ナンパ
をする」という意味の俗語っぽい慣用句**ですので一緒に覚えましょう！
ちなみに따려는は따려고 하는 (もぎ取ろうとする・思う〜) の略です。

Chapter

4

辞書とリアルは
ちょっと違う！
その単語の
本当の意味

ネイティブが日常で頻繁に使う単語の中で、とくに日本の学習者さんが間違いやすい単語をピックアップして紹介します。この章では単語の正しい使い方はもちろん、間違った使い方にも注目しながら学んでみましょう！

사치 _名

❶ 贅沢
❷ 無駄に高価（であること）

辞書には「贅沢」と載っていますが、ネイティブはこの単語をマイナスの意味としてしか使わないので要注意です！「無駄に」高いというイメージが強いので、日本語の「贅沢」のように「こんな高級ホテルに泊まれるなんて贅沢だ～」「年に一度の贅沢でハワイ旅行に行ってくる」みたいな使い方はしません。

例文 & 解説
・・・・・・・・・・・・・・・・・

4-01

생필품과 사치품 .

生活必需品と贅沢品。

2つの単語は反対語の関係です。韓国語の사치품（贅沢品）は**人に自分の富を見せびらかすために買うもの**という印象があります。「がんばった自分へのごほうび」のようなニュアンスはありません。

우리 가정 형편에 해외여행은 사치다 .

我が家の経済状況では海外旅行は高すぎる出費だ。

Chapter4

가정 형편を直訳すると「家庭の都合」になりますが、日常会話でネイティブは「**その家の経済状況**」という意味でよく使います。

시장이 세금으로 사치스러운 생활을 하고있다 .

市長が税金で贅沢すぎる生活をしている。

公務員が税金で私腹を肥やすシーンでも、사치という単語がよく使われます。ネイティブは사치に〜스러운を付けて**사치스러운**と形容詞のような使い方もよくします（사치스러운の原形は사치스럽다）。

165

정력적으로 副

❶ 精力的に
❷ スタミナが溢れ

韓国人は정력（精力）という単語を聞くと性的スタミナというか、夜の営みを連想する人がほとんどです。そのため現代の韓国語ではニュアンスが変わってしまい、정력적으로もあまり使われなくなった言葉です。しかし、元々は日本語の「精力的に」と同じ漢字語から由来した言葉であるため、日本人学習者がよく間違って使ってしまう表現です。

●))) 4-02

장어는 정력에 좋은 음식이다 . ①
ウナギは精力に良い食べ物だ。

あえて直訳しましたが、精力＝性的なスタミナ増強に効く食べ物だという
意味です。このように、**정력は精力剤の「精力」のイメージ**が強いです。

언제나 열정적으로 일하는 사람이 됩시다 ! ①
どんなときも熱情的に働く人になりましょう！

日本語の「精力的に～」の意味を表現したいときに、日本人学習者の中に
は「精力的＝정력적」を使う方がたまにいますが、その場合は**열정적으로**
（直訳：熱情的に）を使いましょう！

암을 극복하고 열정적으로 일하고 있다 . ①
がんを克服して精力的に働いている。

例文のような「精力的に」を表現したい場合も、**열정적으로**を使います。
じつは韓国の国語辞書にも、정력적으로の意味として日本語の『「精力的に」
働く』と同じ使い方が載ってはいますが、実際、ネイティブは**정력（精力）
の意味を「（性的な）スタミナ」**と誤解しているので、2つめの例文のよう
に、やはり열정적으로を使いましょう！

보살 _名

❶ 菩薩、占い師
❷ すごく寛大な人

日常会話では、お釈迦様のようにすべての人に寛大な人に
この보살（菩薩）という単語をよく使います。ほかにも辞書
には載っていない使い方や関連表現があるので、右の例文
でしっかり覚えましょう！

보살 , 번뇌 , 극락 등은 원래 불교용어이다 .
菩薩、煩悩、極楽 などは元々仏教用語だ。

韓国も仏教の歴史が長いので、**仏教から由来した単語や表現**が多く、日常的によく使います。この例文に出ている単語は보살とセットで一緒に覚えましょう！

ワンポイントアドバイス

日常ではユーモアを交えて고민（悩み）→ 번뇌（煩悩）、エステやサウナなどリラックスできる場所→ 극락（極楽）とあえて誇張して表現したりします。

例　나 요즘 번뇌가 많아…（私最近、煩悩が多い…）

例　여기가 바로 극락이구나!（ここがまさに極楽だね！）

강남 애기 보살이 용하다고 한다 .
江南のエギ菩薩／占い師がすごいらしい。

仏教をルーツに持つ占い師を보살と呼ぶ場合もあります。ちなみに**용하다**は「（占い師の占いや予言が）よく当たる」という意味の単語です。

악플러를 용서한 그는 정말 보살이다 .
悪質な書き込みをする人を許した彼は菩薩だ。

最近はネットでの誹謗中傷が増えているので、例文のような使い方をするシーンも増えています。セットで**악플러**（악플 悪質なコメント＋英語の接尾辞〜러/〜er・〜ラーを合体させた造語）も覚えましょう！

팔방미인 _名

❶ 八方美人
❷ 何事にも優れている人

漢字も意味の由来も一緒ですが、팔방미인は日本語の「八方美人」とは真逆のイメージですので注意が必要です！ 韓国語としての팔방미인（八方美人）はどちらかと言うと「文武両道」や「才色兼備」に近い意味で使います。

뭐든지 잘하는 팔방미인이 되고 싶다 .

何でもうまくできる多才な人になりたい。

팔방미인をいちばん簡単に説明すると「何でもできる人」です。まさに左
のイラストの「PERFECT HUMAN」ですね。

박대리는 정말 박쥐같은 사람이다 . ①

パク代理は本当にコウモリのような人だ。

日本語の「八方美人」を表現したいときは イソップ童話の「卑怯なコウモ
リ」に出てくるコウモリにたとえて **박쥐같은 사람** （コウモリのような人）
と表現します。

배우 박진우는 팔방미인의 활약을 하고 있다 .

俳優パク・ジンウは多才な活躍をしている。

この例文のように **활약** （活躍）と一緒に使うと、本業以外の分野でも優れ
た活躍をしているという意味になります。

무시하다 動

❶ 無視する
❷ バカにする

直訳すると「無視する」ですが、韓国語の무시하다には俗に言う「シカトする」以外にも、「バカにする」というニュアンスもかなり含まれています。ネイティブには「無視する」＝「バカにする」と理解している人が多い印象です。

너무 피곤해서 전화를 무시하고 잤다 .

すごく疲れていたので、電話を無視して寝た。

ちなみに例文のようなシチュエーションでは무시하다の代わりに**씹다**（直訳：噛む）もよく使います。かなり俗語っぽい表現ですが、頻繁に使うので覚えましょう。

내가 사투리 쓴다고 무시하는 거야 ?

私が方言を使うからバカにしているの？

韓国の場合、地方からソウルに上京した人でもほとんどが標準語を使うので、ソウルで方言を使う人はかなり目立ちます。

회사 선배한테 영어를 못한다고 무시당했다 .

会社の先輩から英語が下手だとバカにされた。

日常会話では**무시하다**に**〜당했다（された）**を付けて受け身のように使う場合も多いです。「バカにされた」と訳すのが自然です。

위화감 _名

❶ 違和感
❷ 貧富の差（を感じる）

 じつは世代によって使っている意味が異なる、おもしろい単語です。若い世代は日本語の「違和感」とほぼ同じ使い方をしますが、50代以上の人は「貧富の格差からくる劣等感」という意味でよく使います。

◀))) 4-06

목에 위화감이 있어서 병원에 갔다 .

のどに違和感があって病院に行った。

例文のような使い方は**日本語の「違和感」の影響を受けて、定着した表現**だと思います。ですので、ネイティブでも50代以上の人はこの例文の使い方を理解できない人が多いと思います。

나만 명품이 없어서 위화감을 느낀다 .

私だけブランド物を持っていなくて違和感がある。

これが元々の韓国語の위화감の正しい使い方です。あえて直訳しましたが、**貧富の格差からくる劣等感、妬み&ひがみ**が入っています。

ワンポイントアドバイス

「貧富の差」の意味で使う場合、ネイティブは느낀다（原形：느끼다、感じる）という動詞とセットで表現します。日本語で「直訳：違和感を感じる」と言うと「感」が 重複した表現になりますが、韓国語では～감（～感）と느낀다（感じる）を一緒に使う場合が多いです。

例　고독감을 느낀다（孤独を感じる）、자신감을 느낀다（自信を感じる）

TV 에서 부자들을 볼 때마다 위화감을 느낀다 .

テレビでお金持ちを見る度に違和感を感じる。

これもあえて直訳しています。韓国のドラマには必ずお金持ちが出てきますが、毎回視聴者から위화감을 느낀다という苦情の電話が入るそうです。

흑기사 _名

❶ 黒騎士
❷ 助っ人、救世主

直訳の意味で使うケースはほとんどありません!! 飲み会の
ゲームのときに女の子の罰ゲームを代わりに受けてくれる
男性を、韓国では「助っ人・救世主」という意味で흑기사
（黒騎士）と呼びます。

흑기사와 흑장미 .

黒騎士と黒バラ。

黒騎士とペアの言葉で罰ゲームを代わりに受けてくれる女子を**흑장미（黒バラ）**と言いますが、男性の罰ゲームを代わりに受けてくれる女子はほぼいないので、実際は死語に近いです。

나 술 잘 못 마셔… 흑기사 없나 ?

私お酒あまり飲めないよ… 黒騎士はいないのかな？

お酒が強いか弱いかはどうでもよくて、**自分に心を寄せている人を探る目的**でよく使うフレーズです。「誰か代わりに飲んでくれないかな」の意味ですね。辞書だけでは翻訳の糸口すら見つからない表現なので、この機会に韓国の文化も交えて覚えましょう！

ワンポイントアドバイス

日本語の「白馬の王子様」に似たような表現として、韓国語にも백마 탄 왕자님（白馬に乗った王子様）がありますが、厳密に言うと흑기사（黒騎士）とは違います。
백마 탄 왕자님（白馬に乗った王子様）→理想の男性
흑기사（黒騎士）→ピンチから救ってくれた男性

내가 흑기사 해줄까 ?

俺が黒騎士になってあげようか？

男の人が女性に使うとこんな感じ、「俺が代わりに飲んであげようか？」です。前から気になっていた男性からこれを言われると惚れてしまいますよね。

심상치 않다 _慣

❶ 尋常じゃない
❷ 悪い事が起こりそう

 直訳は「尋常じゃない」ですが、「尋常じゃない量」のように強調の意味では使わないので注意が必要です。近い未来に何か悪いことが起こりそうというニュアンスで、不安・心配のイメージが強い表現です。

例文 & 解説
....

🔊》 4-08

매출 실적을 보면 회사 상황이 심상치 않다 .

売り上げ実績を見ると会社の状況が尋常じゃない。

この場合の「尋常じゃない」は、売り上げデータから判断すると会社の実績が今より悪化するか、倒産のようにもっと悪いことが起こりそうという意味です。

조류 독감의 확산세가 심상치 않다 .

鳥インフルエンザの拡散の勢いが尋常じゃない。

심상치 않다는 **伝染病などと一緒に使うケース**が多いです。伝染病は報告されたときより悪くなるケースが多いのでこの表現がピッタリですね。

아빠와 엄마 사이가 요즘 심상치 않다 .

父と母の関係が最近、尋常じゃない。

単純に最近二人の関係が悪いという意味に止まらず、「**不穏な空気が漂う**」、「**胸騒ぎがする**」、などに近いニュアンスがあります。

ワンポイントアドバイス

심상치 않다の元になった심상하다（尋常である）という単語が載っている辞書もありますが、現代の韓国語では使わない表現ですので、注意してください。「尋常である」を表現したい場合は、정상이다（正常だ）と言うのがいちばん自然な韓国語です。

Chapter4

개념이 없다 慣

1 概念がない
2 常識がない

 直訳の通り「概念がない」という意味でも使いますが、日常会話では慣用句として「常識がない（非常識）」や「礼儀知らずだ」の意味でよく使います。

例文 & 解説
·················

중국어에는 자동사 / 타동사라는 개념이 없다 .
中国語には自動詞／他動詞という概念がない。

文字通りの意味として使われた例文です。ちなみに中国語は、本当に自動詞と他動詞の区分が曖昧だそうです。

올해 신입생들은 특히 개념이 없다 .
今年の新入生はとくに概念がない。

直訳しましたが、**具体的に言うと「礼儀」という概念がない**という意味です。젊은 애들（若いやつら）や신입（新入り）などの単語と一緒に使われるシーンでは、개념이 없다が「礼儀知らずだ」という意味になるケースが多いです。

세상에는 어디에나 개념없는 사람이 있다 .
世の中にはどこに行っても非常識な人がいる。

개념없는 사람（非常識な人）も一つの単語として覚えましょう！

잘 살다 _慣

❶（経済的に）裕福に暮らす
❷（健康的に）問題なく暮らす

直訳は「上手く生きる」ですが、これではピンとこないですよね。具体的に言うと経済的に「裕福な」暮らしをしているという意味と、健康的に「問題なく」暮らしているという意味が合体した表現です。ネイティブはさまざまなシーンで頻繁に使います。

미국은 세계에서 제일 잘 사는 나라이다 .

アメリカは世界一裕福に暮らしている国である。

直訳しましたが、잘 사는 나라は**선진국**（先進国）を意味します。ちなみに
후진국（後進国）は**못 사는 나라**と表現します。

내 제일 친한 친구는 집이 매우 잘 산다 .

私の大親友の家はすごいお金持ちだ。

잘 살다の代わりに**부자**（お金持ち）という単語を使っても問題ありません
が、会話では**집**（家）と잘 살다を使って、「お金持ち」を表現する場合が多
いです。

앞으로 행복하게 잘 살아 ~~!!

これから幸せに暮らしてね〜〜!!

このフレーズは**結婚式の定番フレーズ**です。これからの裕福な暮らしと健
康に暮らすことを祈っているので最強のお祝いフレーズですね！

잠수(를) 타다 _慣

❶ 潜水する・潜る
❷ 音信不通になる

この単語も文字通りの意味（潜水）よりも慣用表現として
よく使われます。「音信不通になる」という意味ですが、ま
るで潜水するかのように自分の意思で周りの人との連絡を
絶つというニュアンスが強いです。助詞を付けない場合が
多いですが、助詞〜를（〜を）付けて使っても大丈夫です。

🔊 4-11

어제 빨리 잤어 ? 왜 잠수 탔어 ?

昨日早く寝たの? 何で音信不通になったの?

恋人同士でよく見られる会話です。잠수 타다を使った理由は、「本当は連絡できたでしょ！」と**彼氏を問いただす意図**があるからです。

잠수를 타는 것은 정말 개념없는 행동이다 .

わざと連絡を絶つのは本当に非常識な行動だ。

例文のように、韓国語の잠수 타다には音信不通のニュアンスがありますが、**自ら意図的に連絡を絶つ**という点が日本語と大きな違いです。

알바 가기 싫어서 잠수 탄 적이 있다 .

バイトに行くのがイヤで連絡を絶ったことがある。

例文のケースは本当に非常識（개념이 없다）な行為だと思いますが、잠수 타다は**バイトのフェードアウトのシチュエーション**でいちばんよく使われています。

밝히다 動

1. 明かす・明らかにする
2. （お金・異性に）目がない

文字通りの意味は暗いところを灯台のように「明かす・照らす」ですが、日常会話では慣用表現としてよく使います。とくにマイナスのイメージの単語やシチュエーションで使われるケースが多いです。

대참사의 진상을 밝히기 위해서 노력하겠습니다 .

大惨事の真相を明かすためにがんばります。

ニュースなどでよく耳にする例文です。事件や事故の中でも、とくにマイ
ナスのイメージが強い ○○**대참사**（○○**大惨事**）などの単語と一緒に使わ
れるケースが多いです。ちなみに진상을 밝히다（真相を明かす）はかしこ
まった言葉で**진상을 규명하다**（真相を糾明する）とも言います。

난 돈을 밝히는 사람을 가장 싫어한다 .

私はお金に目がない人がいちばん嫌いだ。

밝히다は**-을/를 밝히다**〜で「〜を好む」のマイナスなイメージを表現する
ときに使います。**돈**（お金）、あるいは**여자**（女性）という単語とよく一緒
に使われ、この場合は「〜に目がない」と訳すのが自然です。

김 선배는 여자를 너무 밝힌다 .

キム先輩は女の子に目がない。

여자（女性）と一緒に使うと、「女性に目がない」を通り越して「**エロおや
じ**」の印象を与えます。みなさんが使う場面はないと思いますが、ドラマ
では意外と出てくるのでニュアンスを感じながら理解しましょう！

Chapter4

낙하산 ^名

❶ パラシュート・天下り
❷ コネで入社すること

 文字通りはパラシュートを意味する単語で、辞書には「天下り」という意味も載っています。しかし、日本語の天下りとは少し違う意味で使うケースが多いです。おもに、コネによる新人採用、昇進などを指します。

이번 인사이동에서 낙하산이 있었다고 한다 .

今回の人事異動で不正があったそうだ。

例文のように、낙하산は**「コネなどの不正による昇進、採用」**を意味します。
ちなみに낙하산を漢字で書くと「落下傘」になります。

낙하산이라도 합격만 했으면 좋겠다 .

コネ入社でも合格さえできればいいな～。

今の韓国は、日本の就職氷河期を遥かに超えるぐらい若者の就職が厳しい
時代です。藁_{わら}にもすがる思いですね。

그거 알아 ? 인사부의 최진수 씨 낙하산이래 .

あれ知ってる？ 人事部のチェ・ジンスさんコネ入社だって。

韓国ドラマには財閥とか社長の御曹司がよく登場します。**社長のドラ息子
がいきなり副社長に就任するケース**もよくありますよね。そういうシーン
で必ず出てくるのがこの낙하산という単語です。

감미롭다 _形

❶ 甘い・甘美だ
❷ （音楽・香りなどが）
　スイート

감미를 漢字で書くと「甘味」になるので、文字通り甘いという意味もありますが、日常会話では、とくに音楽・声などがスイートで聞き心地がいい、あるいは香りがいいという意味で使います。

피아노의 감미로운 선율이 듣기 좋다 .

ピアノの甘美な旋律の聴き心地がいい。

韓国人は**감미로운 선율**（直訳：甘美な旋律）という表現をよくします。ネイティブは감미롭다という単語自体に**「優雅で上品」というイメージ**を抱いているので、さまざまな音楽のシーンでみなさんもこの表現を使ってみてください。

장미의 향기가 감미롭다 .

バラの香りがスイートだ。

향기（香り）に対しても감미롭다が使われます。単純に향기가 좋다（香りが良い）と表現してもOKですが、1つめの例文で説明したように、ネイティブはこの単語自体に優雅で上品なイメージを抱いています。감미롭다を使ったほうが**よりレベルの高い韓国語**になります。

ワンポイントアドバイス

이 와인은 참 감미롭다. (このワインはとても甘美だ。) のように、味を表現するときに使っても間違いではないですが、なぜかネイティブは、味覚よりも聴覚や嗅覚で感じる「スイートさ」を表現するときに감미롭다をよく使う傾向があります。

감미로운 그의 목소리에 반했다 .

甘い彼の声に惚れた／魅了された。

この単語は**목소리**（声）と相性が良いです。日本語の「甘い声」をいちばん自然な韓国語に直すと**감미로운 목소리**になります。しかし、「甘いマスク」のように顔には使わないので注意しましょう。

불편하다 _形

❶ 不便だ・座り心地が悪い
❷ 不愉快だ・心外だ

 初級で習う単語で「不便だ」という意味ですが、日本語の意味とはちょっと違うニュアンスで使われる場合も多いので注意が必要です。右の例文でしっかり覚えましょう！

◀)) 4-15

새로 산 의자는 좀 불편하다 .

新しく買った椅子はちょっと不便だ。

あえて直訳しました。不편하다には「使い勝手が悪い」という意味もあり
ますが、例文のシーンでは**「座り心地が悪い」**や**「窮屈だ」**というニュア
ンスがもっと強いです。

자극적인 방송은 보기 불편하다 .

刺激の強い番組は見るのが不愉快だ。

불편하다は**「不愉快だ」を少し和らげた単語**としてもよく使います。実際、
文句やクレームを言うシーンでもよく使います。

인터넷의 발달로 불편러가 늘었다 .

ネットの発達によりクレーマーが増えた。

불편러は불편（不便）と人を表す英語の接尾辞「〜er」が合体した造語です。
直訳は「不便ラー」になり、最近は若者の間で**「クレーマー」に近い意味**
でよく使われています。

> **ワンポイントアドバイス**
>
> 불편하다には左ページで紹介した意味のほかに、「気まずい（関係）」、「（体の具合が）
> 悪い」、「（体が）不自由だ」といった意味もあります。

곤란하다 形

① 困難だ
② 非常に困っている

 直訳すると「困難だ」ですが、韓国人はこの単語を「困難」とは少し違うニュアンスでよく使います。「非常に困っている」という意味としてよく使い、「板挟み状態」に近いニュアンスも入っています。

◀》 4-16

와이프와 어머니 사이에서 정말 곤란하다 .

妻とお母さんの間で本当に困っている。

いわゆる**嫁姑問題は、韓国人が思う곤란하다の代表的なイメージ**です。韓国ドラマにもたまに出てくるシチュエーションですよね。板挟み状態の極みです！

모두 너무 바빠서 조퇴하기가 곤란했다 .

みんなすごく忙しくて早退するか困っていた。

こなれた日本語で言うと「**早退しづらかった**」です。みんなが忙しい中、自分が早退すると同僚たちに自分の仕事が上乗せされるので困るし、早退しないと具合が悪すぎて今でも倒れそうなシチュエーションを連想してください。こういうときも곤란하다をよく使います。

답변하기 곤란한 질문은 삼가해주세요 .

答えに困る質問はお控えください。

記者会見のシーンでよく聞くフレーズです。ちなみに「お控えください」という表現は、厳密に言うと삼가주세요が正しいですが、ネイティブはクセで**삼가해주세요**と言います。会話ではまったく問題ないので、例文のような形で覚えてください。

죽인다 形

❶ イケてる、旨い
❷ 体・スタイルがいい

죽이다（殺す）から派生した俗語表現です。「イケてる、ヤバい」に近い意味であり、日本語と同様に、さまざまなシーンでよく使われます。右の例文の使い方を一緒に見てみましょう！

나 오늘 패션 죽이지 않니 ?

私、今日のファッションイケてない？

韓国語のニュアンスを表現すると「死ぬほどイケてない？」になります。
若者が使いそうですが、**老若男女問わず使う代表的な俗語表現**です。

명동역에 새로 생긴 고깃집은 맛이 죽인다 .

明洞駅に新しくできた焼肉屋は味がヤバい。

죽인다는「**おいしい**」**という意味**でもよく使います。よく使われる単語で
はあるものの一応俗語なので目上の人には使わないほうがいいですが、失
礼にはならない単語なので友だちの間ではふつうに使います。

나 요즘 운동하는데… 근육 죽이지 않니 ?

私最近、筋トレしているけど…筋肉ヤバくない？

「**健康的な体・スタイルがいい**」という意味でも죽인다がよく使われます。
そして、운동하다（直訳：運動する）はこの例文のように、シチュエーシ
ョンによっては「筋トレ」の意味としてもよく使われます。

ワンポイントアドバイス

韓国映画やドラマを見ると、クラブのシーンなどでチャラそうな男が女性たちに対
して몸매가 죽인다（スタイルがヤバい）と言うのをよく耳にしますが、異性、とく
に女性に対して使うと「セクシーだ」に近い性的なニュアンスがあるのでNGです！

방심하다 動

❶ 放心する
❷ 油断する

 韓国語の辞書には「放心する」という意味も載っています
が、ほとんどのネイティブは使いません。日常会話では「油
断する」の意味としてよく使います。

주장은 내일 시합을 방심하고 있다 .

主将は明日の試合を油断している。

この例文のように、試合や試験のシーンでとくによく使われます。対戦相手や試験を「**甘く見て油断する**」という**ニュアンス**が強いです。

다른 생각을 하느라 잠깐 정신이 나갔다 . ⚠

他のことを考えていてちょっと放心状態だった。

日本語の「放心状態」を表現したいときは、방심하다ではなく、**정신이 나갔다**をよく使います。**直訳すると「精神が外出した」**です。そして、**~느라は（～のせいで）**を意味します。この例文のまま使われるケースが多いので、例文全体を一つのフレーズとして覚えましょう！

두통을 방심하면 큰 병이 될 수 있다 .

頭痛を放置すると重い病気になりかねない。

この単語は병（病気）とセットでよく使われます。一言で表すと「放置する」という意味ですが、**初期症状を軽く見て「油断する」**というニュアンスが入っています。

바닥 ^名

❶ 床、底
❷ （この）業界

文字通り「床」という意味でもよく使いますが、それ以外に、慣用表現として違う意味でもよく使われます。その中には辞書にも載っていない意味もありますので、ぜひこの機会に覚えるようにしましょう！

방 바닥이 너무 차갑다 .

部屋の床がすごく冷たい。

韓国は**온돌**(オンドル)という床暖房が一般的で、床の温度は部屋全体の温度と直結します。つまり、このフレーズの隠された本当の意味は**「部屋が寒いから暖房をつけてほしい」**です。

전쟁의 영향으로 주가가 바닥을 치고 있다 .

戦争の影響で株価が底を打っている。

바닥을 치다は日本語の「底を打つ」にあたる慣用表現です。この表現も**바닥**（床、底）の使い方の一つとして必ず覚えましょう！

이 바닥에는 암묵적인 룰이 있다 .

この業界には暗黙のルールがある。

ビジネスのシーンで**이 바닥**（この床）と言うと、**「この業界」**という意味があります。辞書にはあまり載っていない意味ですが、頻繁に使います。

물어주다

❶ （金銭的に）
   前の状態に戻す
❷ 弁償・賠償する

「（金銭的に）損害前の状態に戻す」という意味の韓国語、물다から派生した表現です。日常会話では「弁償する・賠償する」の意味でよく使いますが、使えるシチュエーションが限定的な単語です。よく間違って使われる배상하다（賠償する）や환불하다（払い戻す）と一緒に見てみましょう！

유리창 값을 엄마가 물어주었다.

窓ガラスの交換費用をお母さんが弁償した。

日常生活では、自分の子どもが与えた被害（額）について親が「弁償、賠償する」の意味でよく使われます。このようにネイティブは、물어주다を**「個人間のオフィシャルではない」弁償・賠償のシチュエーション限定**で使う傾向があります。

50만원을 배상하라는 판결이 나왔다. ①

50万ウォンの賠償を命ずる判決が出た。

물어주다は少し会話っぽい表現なので、オフィシャルなときには相応しくありません。漢字語の**배상**（賠償）、**변상**（弁償）を使いましょう！

불평을 하는 고객에게 돈을 환불해주었다. ①

文句を言う顧客にお金を払い戻した。

「（金銭的に）前の状態に戻す」という意味で考えると、「払い戻し」を表現したいときにも물어주다を使えます。しかし、「払い戻し」は個人間ではなく、お店とお客さんのオフィシャルなやりとりなので、물어주다ではなく、**환불**（払い戻し）を使うのが自然な韓国語です。

「無視する」を意味する３つの単語で
ニュアンスの比較を深掘りしてみましょう

....

　ここでは「顔をそむける/無視する」のイメージを共有している①무시하다、②외면하다、③기피하다のニュアンスの違いについて掘り下げてみたいと思います。３つの単語を比較することで、隠されたニュアンスがさらにわかりやすくなります。

❶ 무시하다　※무시(無視)하다

無視する＋バカにしているのニュアンス

　たとえば、「相手の連絡を無視する」シチュエーションの場合、韓国語の무시하다を使います。

　この무시하다には相手を「バカにする」、つまり**そこまで大事な人ではないので後回しにしてもいいから「無視する」というニュアンス**が含まれています。

　この特徴がよく見られるのが「恋愛のシチュエーション」です。韓国の男性は日本の男性より彼女のLINEに対する返信が非常に速いです。その理由は単なる優しさだけではなく、「既読スルー」は韓国語の무시하다にあたり、その行為は「彼女は大事な人ではない」というニュアンスがもれなく含まれてしまうため返信が速い、というわけです。

❷ 외면하다　※외면(外面)하다

無視する＋嫌い（〜したくないを含む）のニュアンス

　たとえば、쓰러져 있는 사람을 외면했다. (倒れている人を無視し

た。）という例文の場合、外면하다を使うことで**「関りたくない（自己中心的）」のニュアンスが強く感じられる表現**に変わります。

つまり、単なる見て見ぬふりをした、といった状況ではなく、「助けることによって面倒くさいことになるのが嫌だから無視した」というニュアンスになるのです。

具体例で言うと、とくに急いでもいないのに、その人を助けることで病院に一緒に行くことになり、時間がかかるのが面倒くさいので助けなかった、といったようなニュアンスです。

❸ 기피하다　※기피（忌避）하다

외면하다 + 嫌悪感、忌み嫌うに近いニュアンス

42ページに兵役逃れを試みた芸能人や、ツラい仕事を嫌う富裕層を例文として紹介しました。

おもしろいのは、なぜ외면하다や싫어하다（嫌う）など、似たような意味の単語ではなく、わざわざ기피하다を使って表現したかという点です。その理由は기피하다には**主語に対してとんでもなくひどい人という印象を与えるニュアンスがある**からです。

つまり、병역 기피（兵役忌避）などの表現には、ネイティブが兵役逃れを試みた芸能人をどういう人として見ているのかがにじみ出ています。ちなみに대인 기피증（対人忌避症・恐怖症）は治療が必要なぐらい他人を"病的に嫌う"というニュアンスになります。

＊

このような細かいニュアンスを解説すると、かえってアウトプットするのが不安になるかもしれません。

でも大丈夫、最初から完璧にできる人はいません。語学の上達は自分で直接使って、覚えるのがもっとも効果的ですから、失敗を恐れずにどんどんアウトプットしてみましょう。

Chapter

5

わかったら
スゴイ！
日常会話でよく
使う慣用表現

ネイティブ同士の会話では、ある特定のシチュエーションになると高い確率で決まったことわざや慣用句を使うケースが非常に多くあります。この章ではそのようなシチュエーションを切り取った会話調の例文とイメージでニュアンスと使い方を学びます。

돈이 굳다 _慣

（予定していた出費が）
安くなる、なくなる

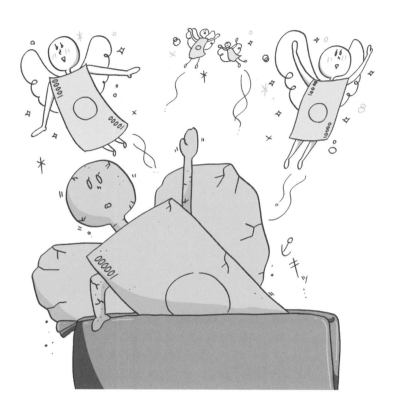

굳다には「固まる、硬くなる」という意味があるので、直訳すると「お金が固まる」です。石のように固まったお金が財布から逃れられなくなったイメージを連想しましょう！　一般的には過去形の形（돈이 굳었다）でよく使います。

한국어 책 사러 서점에 같이 안 갈래?

韓国語の本、買いに一緒に本屋行かない？

나 한국어 책 있어! 빌려줄까?

私、韓国語の本あるよ！ 貸してあげようか？

정말? 앗싸! 돈 굳었다!

本当に？ やった！ お金が浮いた！

意訳しましたが、日本語の「お金が浮く」とは使い方が微妙に違うので注意が必要です！　たとえば、日本語では「電気代の節約」など、自分のがんばりでお金や費用を抑えた場合、「お金が浮く」と言いますよね。しかし、韓国語の돈이 굳다は自分のがんばり、節約とは関係なく、上の例文のシチュエーションのように**思わぬアクシデントによってお金が抑えられた場合**によく使われる傾向があります。

귀가 얇다 慣

人の話を信じやすい、
騙されやすい、
流されやすい

直訳すると「耳が薄い」になります。イラストのように大きくて薄い耳がすぐいろいろな人の話に耳を傾けてしまうので、「騙されやすい、流されやすい」という意味でよく使います。

🔊》 5-02

이번에 새로 산 TV는 어때? 좋아?
今回、新しく買ったテレビはどう？ いいの？

점원이 추천해서 샀는데…
금방 고장났어.
店員に勧められて買ったのに…すぐ壊れちゃった。

넌 귀가 얇은 게 문제야!
お前は人の話をすぐ信じるのが問題だ！

人々の話に耳を傾けるイメージから、귀가 얇다を「聞き上手」の意味だと誤解する人もいますが、この表現はほとんどの場合、「騙されやすい」のようなマイナスの意味としてしか使いません。ちなみに「聞き上手」は韓国語で**말을 잘 들어주는 사람**（直訳：話をよく聞いてくれる人）と言います。

발이 넓다 _慣

付き合いの範囲が広い
"顔が広い"

 直訳すると「足が広い」になります。日本語の「顔が広い」と同じ意味ですが、韓国語のほうがより友だちや知り合いの「幅の広さ」にスポットライトを当てた表現だと思います。

저기 있는 사람 영화배우 "박진우" 아니야?

あそこにいる人、映画俳優の"パク・ジンウ"じゃない？

정말이네! 그 옆에는 국회의원 "윤형철" 아니야?

本当だ！ その隣は国会議員の
"ユン・ヒョンチョル"じゃない？

그래 맞아! 진수가 정말로 발이 넓다!

そうそう！ ジンスは本当に顔が広いね！

「ジンスの結婚式」に招待された友人AとBの会話です。この
シチュエーションのように単純に知り合いが多いという意味
に加えて、その幅も広いというニュアンスが強いです。

213

입이 짧다 慣

食べる量が少ない、
（食べ物の）好き嫌いが
激しい

直訳は「口が短い」ですが、韓国人が連想するのは「口が非常に小さい人が食事している」イメージ、つまり「少食」を表す慣用句です。そして、「好き嫌いが激しいから食べ物によってはあまり食べられない物もある」というニュアンスもこの表現には入っています。

> ## 잘 먹었습니다. 너무 맛있었어요.
> ごちそうさまでした。すごくおいしかったです。

> ## 잡채는 별로 안 먹었네. 맛이 없어?
> **チャプチェはあまり食べてないね。まずかった？**

> ## 아니요.
> ## 제가 어려서부터 입이 짧아요.
> いいえ。僕は子どもの頃から少食です。
>
> ---
>
> 友だちの家に招待されたAと、その友だちのお母さんBの会話です。입이 짧다をストレートな表現に直すと「チャプチェは昔から嫌いです」という意味ですが、ここで大事なのは**입이 짧다という慣用句を使うことによって、「オブラートに包んだ」優しい表現になる**という点です。

> **ワンポイントアドバイス**
>
> 「好き嫌いが激しい」という意味で**편식이 심하다**（偏食が激しい）という言い方もありますが、ストレートな表現なので「大人なのに好き嫌いが激しいのか……」という悪い印象を相手に与えがちです。それに対して입이 짧다は、そもそも慣用表現で「少食」、あるいは「偏食」という2つの意味を同時に持つ曖昧な表現なので、悪い印象を抑える効果があります。とくに「偏食が激しい人」はこの表現必ず覚えましょう！

손이 크다 ^慣

料理をたくさん作る、
気前がいい・太っ腹だ

直訳は「手が大きい」ですが、ネイティブは人数分より多い量の料理を作るという意味としてより使います。お客さんが食べきれないぐらいの量をふるまう韓国人の「美徳」から生まれた表現です。実際の使い方は右の例文で確認しましょう。

회사 앞에 새로 생긴 중국집 갈까?
会社の前に新しくできた中華屋行こうか？

거기 유명해?
항상 사람이 많던데…
そのお店有名なの？ いつも人が多くて…

주인이 손이 커서 가성비가
좋다고 인기야!
ご主人が太っ腹で、コスパが良いと人気だよ！

この表現は食事など、食べ物に関するシーンでよく使われます。「気前がいい・太っ腹だ」と訳されがちですが、もう少し詳しく書くと、**値段の割に料理がボリューム満点＋ご主人の人柄の良さも感じられる**、という非常にネイティブっぽい良い表現なのです。

손이 맵다 慣

（手・腕の力が強い）
とくに殴る・叩く力が強い

直訳は「手が辛い」になります。人を殴ったり、叩いたりしたときの腕の力が強い、という意味です。韓国は飲み会の罰ゲームやツッコミの一環として女の子が相手の肩や腕を叩く文化があるので、意外とよく使う慣用句です。

최근에 권투 배우고 있는데
너무 재밌어.

最近、ボクシング習っているけどすごく楽しい。

그래? 그럼 내 손바닥 한번 쳐 봐!

そう？ じゃ、俺の手のひらを一回叩いてみてよ！

아!! 여자애가 왜 이렇게
손이 매워.

痛い!! 女の子が何でこんなに腕力が強いの。

3つめのフレーズは**一般的には女性に対してよく使う表現**です。ちなみに辞書などには、似たような表現として손끝이 맵다（手先が辛い）も載っていて、「抜かりがない」と教えています。しかし、現代の韓国語では死語に近い表現なので覚えなくても大丈夫です。

친구를 먹다 慣

意外な人と
友だちになる

直訳は「友だちを食べる」ですが、ここでの먹다は二人の間の気まずい雰囲気を食い尽くすイメージとして理解してください。この表現は「年の差がある」や「昔は仲が悪かった」など、意外性のある二人が友だちになったときによく使います。

> **너 형철이랑 언제부터 친했어?**
> お前ヒョンチョルといつから仲良かったの？

> **만나면 맨날 싸우는 견원지간 아니었나?**
> 会うたびにケンカする犬猿の仲じゃなかったっけ？

> **우리 예전 일은 다 잊고 친구 먹었어.**
> 私たち昔のことは全部忘れて友だちになったよ。
>
> ───────────────────
>
> 会話では、**친구를 먹다**の助詞를を省略した**過去形**の形でよく使います。俗語っぽい印象があり、かなり砕けた表現なので、目上の人との会話では使わないほうが無難です。しかし、失礼な表現ではないので友だちの間では頻繁に使います。

ワンポイントアドバイス

견원지간（犬猿之間）は日本語の「犬猿の仲」を意味します。ほかにも韓国語には○○지간（○○之間）と表現する関係が多いです。

例 형제지간（兄弟之間、兄と弟の関係）

例 사제지간（師弟之間、師匠と弟子の関係）

例 사돈지간（査頓之間、結婚した両家の親同士の関係）

필름이 끊기다 慣

（酔っ払ってからの）記憶がない

 直訳は「フィルムが切れる」です。映画のフィルムが切れるとそれ以上、映画が撮れなくなりますよね。酔っ払いすぎてその後の記憶がない様子を映画のフィルムが切れた瞬間にたとえたおもしろい表現です。

> ## 어제 술 많이 마셨지? 괜찮아?
> 昨日お酒結構飲んだよね？ 大丈夫？

> ## 아침에 일어나 보니까 현관에서 자고 있었어.
> 今朝起きてみたら玄関で寝てた。

> ## 필름이 끊겨서 어떻게 돌아왔는지 모르겠어.
> 記憶がなくてどうやって帰って来たかわからない。

> **飲みすぎて潰れた経験**がある人にはすごく共感できる例文ですよね。日常生活でもそうですが、韓国ドラマの中にもサラリーマンと飲み会のシーンは頻繁に出てくるので、これらの表現は意外と使われます。

훈수를 두다 慣

（余計な・要らない）
指図・アドバイス
をする

 훈수를 두다の直訳は「訓手を置く」になります。훈수（訓手）
というのは将棋や囲碁などを観戦している人が「次の一手
を教えること」を意味します。イラストの人物の表情から
もわかるように、この表現には「余計なお世話」というニ
ュアンスがあります。

다음 달에 결혼한다고 했지?
축하해!

来月結婚すると言ったよね？ おめでとう！

그런데 신혼집이랑 결혼식장
같은 건 정했어?

ところで新居と結婚式場などは決まった？

양가 부모님들이 훈수를
둬서 진행이 안 돼.

両家の親たちが余計に指図して中々進まないよ。

韓国では**成人した子どもたちの人生の選択にも親が口をはさ
む傾向**があります。3つめの例文には、話し手が両家の親た
ちからのアドバイスをどういうふうに思っているのかがにじ
み出ていますね。この例文以外にも上司の指示やアドバイス
など、さまざまなシーンでよく使われる表現なので必ず覚え
ましょう！

담을 쌓다 慣

関係を断つ、縁を切る

 直訳は「壁（塀）を築く」です。「関係や縁を切る」という
意味ですが、日常会話では「読書や勉強」に関係のある単
語やシチュエーションで使うケースが多いです。

> ## 어제 아들이 역사에 대한 질문을 해서 당황했어.
>
> 昨日、息子が歴史に関する質問をして焦ったよ。

> ## 너는 조선의 마지막 왕이 누군지 알아?
>
> 君は朝鮮の最後の王様は誰か知ってる？

> ## 나는 고등학생 때부터 역사하고 담을 쌓았어.
>
> 俺は高校生の頃から歴史とは縁を切ったよ。
>
> ───────────────────
>
> 韓国語のニュアンスを生かして具体的に訳すと、歴史とは「高い壁を作って遮断したい」ぐらい興味もないし、**高校生の頃以来まったく関わりを持っていなかった**という意味です。

ワンポイントアドバイス

3つめの表現は「○○さんは結構本読みますか？」という質問に対する答えとしてもよく使われ、ストレートな表現である「전혀 안 읽어요.（まったく読みません。）」よりユーモアを交えた表現になります。このようにネイティブは場の雰囲気を和らげるために慣用表現を頻繁に使うので、ちゃんと覚える必要があります。

例 독서하고는 담을 쌓았어요.

（直訳：読書とは壁を築きました。）

선을 긋다 慣

関係を明確にする、
意見をはっきりする

 直訳は「線を引く」ですが、物理的な意味で使うよりはお互いの関係性、あるいは意見などを明確にするという意味としてよく使います。「YES or NO」、「OK or NG」の境界線を引くように、はっきり区分するイメージです。

> ## 너 어제 진수한테 고백받았지?
> あなた昨日ジンスから告白されたよね？

> ## OK했어? 둘이 사귀면 우리 동아리 첫 CC네.
> OKした？ 二人が付き合うとサークル初CCだね。
>
> ---
>
> CC（씨씨）は「キャンパスカップル」（Campus Couple）の略語で、同じ大学に通うカップルを意味します。

> ## 아니, 친구로 지내자고 선을 그었어.
> いや、友だちでいたいと線を引いたよ。
>
> ---
>
> **日常会話では恋愛（告白）のシチュエーションでよく使います。**「友だちと恋人の境界線」に線を引くように、はっきり「NO」と答えたという意味です。

ワンポイントアドバイス

선을 긋다は男女関係以外のシーンでも使われます。たとえば、取引先の担当が大学や軍隊の先輩だった場合、仲良くなると「형이라고 불러도 돼.（お兄ちゃんと呼んでもいいよ。）」と相手（ここでいう取引先の相手）が公私混同するシーンがたまにあります。そういうシーンで関係性をはっきりする（断る）という意味で、선을 긋다を使います。その取引先の相手に対し、「**업무상 관계로 선을 그읍시다.**（直訳：業務上の関係で線を引きましょう。）」と言ったりします。

선을 넘다 慣

一線を越える、
度が過ぎる行動をする

 直訳は「線を越える」ですので、日本語の「一線を越える」とほぼ同じ意味として使える慣用句です。一般的には相手の「逆鱗に触れて」、怒らせてしまったというイメージが強いと思います。さまざまなシチュエーションで使われる表現であり、会話では過去形（선을 넘었다）でよく使います。

조금 전에 영훈이랑 싸웠다며? 무슨 일이야?

さっきヨンフンとケンカしたって？ どうしたの？

말다툼 중에 갑자기 부모 욕을 하더라구…

ロゲンカ中にいきなり親の悪口を言ってさ…

日本語にも「親の顔が見たい」「お前の母ちゃん、でべそ！」
などの表現がありますよね。韓国語も似ていて、ロゲンカの
とき、相手を挑発するためにわざと相手の親の悪口を言うこ
とを**부모 욕을 하다**（親の悪口をする）と言います。

부모 욕을 하는 건 진짜 선을 넘었다.

親の悪口をするなんて本当に一線を越えたね。

ドラマなどでは相手を怒らせるためにわざと親の悪口を言う
シーンもありますが、韓国ではいちばんやってはいけないタ
ブーの一つです。このように**誰が見ても相手を怒らせる行動
をした**という意味で、このフレーズを使うケースが多いです。
「度が過ぎた」という意味です。

간발의 차 <small>慣</small>

間一髪、わずかな差

日本語同様、간발を漢字で書くと「間髪」ですが、韓国人は漢字がわからないので、ネイティブは발を「足」と誤解している人がほとんどです（간발의 차 →「一足（歩）の差」）。そのせいで、간발의 차という慣用句はスポーツのシーンで使われるケースが多いです。

어제 월드컵 축구 경기 봤어?

昨日のワールドカップサッカーの試合見た？

물론이지. 후반 40분에 역전 골! 16강 진출.

もちろん、後半40分に逆転ゴール！ ベスト16進出。

마지막에 간발의 차로 이겨서 정말 기뻐!

最後にわずかな差で勝って本当にうれしい！

간발의 차를 日本語「間一髪」と同じ意味で使っても大丈夫ですが、韓国人はこの表現をスポーツなどの**「辛勝」や「惜敗」を表現するときによく使います**。ちなみにサッカーなどの「BEST 00」は韓国語では00강（強）と表現します。

例：ベスト4 → 4강

주눅이 들다 慣

気後れする、
委縮する、怯む

この慣用句はイメージだけで覚えましょう!!　高校を卒業
したばかりのプロ野球選手が同じチームのスーパースター
の先輩と同じ空間にいるシーンを連想してください。相手
の名前やオーラだけで、すでに負けている感じがして気後
れするときによく使います。

◀)) 5-14

> ## 저번에 그룹 면접은 어땠어?
> この間のグループ面接はどうだった？

> ## 나 말고 전부 명문대 출신이더라구…
> 俺以外はみんな名門大学出身でさ…

> ## 주눅이 들어서 제대로 대답을 못 했어.
> なんか気後れしちゃって上手く答えられなかったよ。

ちなみに韓国の超一流大学の御三家、**서울대**（ソウル大）、**고려대**（高麗大）、**연세대**（延世大）のことを英語の頭文字をとって、**SKY（스카이）**とよく言います。意外と日常会話ではふつうに使う単語ですので、この機会に一緒に覚えましょう！

ワンポイントアドバイス

韓国語で「～以外」を表す表現は大きく分けて4パターンあります。
・文章でよく使う表現：～ **를 제외하고**（～ を除外して）
・文章と会話両方でよく使う表現：～ **이외에**（～以外に）
・会話でよく使う表現：～ **빼고** or ～ **말고**（～ 除いて）

쪽팔리다 慣

すごく恥ずかしい

直訳すると「顔が売れる」になります。使っている単語が少し下品なので俗語っぽい表現ですが、決して悪い表現ではありません。みなさんが使う必要はないと思いますが、ネイティブは親しい間で頻繁に使うので、覚える必要があります。

인생에서 가장 창피했던 순간이
언제야?
人生でいちばん恥ずかしかった瞬間はいつ？

계단 올라가다가 갑자기
넘어졌을 때.
階段を上っていていきなり転んだとき。

지금도 생각하면 쪽팔려서
죽을 것 같아.
今も思い出すと恥ずかしすぎて死にそう。

쪽팔리다はChapter 2で出てきた「恥ずかしい」という意味を持つ韓国語 창피하다や 부끄럽다よりも、遥かに恥ずかしさを感じるときによく使います。ドラマの字幕ではよく「くそ恥ずかしい」と訳されるので誤解されがちな表現ですが、個人的にはそこまで悪い表現とは思いません。しかし、目上の人に使うには相応しくない表現ですので注意が必要です！
類 창피하다 (96ページ)、부끄럽다

입에 달고 살다 慣

頻繁に言う、
頻繁に食べる

直訳すると「口に付けて暮らす」になります。意味は大きく分けて2つあります。まず1つめは「あるセリフや単語」をよく言うという意味。そして、2つめは「ある食べ物」を頻繁に食べるという意味です。日本語の「口にする」とかなり似ている表現だと思います。

例文 & 解説

🔊 5-16

> ### 진수 씨가 제일 좋아하는 음식이 뭐예요?
> ジンスさんがいちばん好きな食べ物は何ですか？

> ### 양념갈비를 가장 좋아해요. 미리 씨는 어때요?
> ヤンニョムカルビがいちばん好きです。
> ミリさんはどうですか？

> ### 저는 음식보다 과자를 입에 달고 살아요.
> **私は食べ物というかお菓子を頻繁に食べます。**
>
> ---
>
> 「頻繁に食べる」という意味で使う場合はどんな食べ物に対しても使えますが、言葉のイメージから考えると歴とした「料理」よりは、「チョコレート」や「グミ」のように**簡単＆頻繁に食べられるお菓子類と一緒に使う**のがベストだと思います。お酒やタバコともよく使います。

ワンポイントアドバイス

入에 달고 살다は「頻繁に言う」という意味でもよく使います。
例 우리 아빠는 「죽겠다」를 입에 달고 산다.
（お父さんは「죽겠다（死にそう）」が口ぐせだ。）
例 오늘은 영어 원어민이 입에 달고 사는 표현을 배워봅시다.
（今日は英語ネイティブが頻繁に使う・言う表現を学んでみましょう。）
※원어민（原語民）は네이티브（ネイティブ）と同じぐらいよく使われる単語です。
知らなかった方は一緒に覚えましょう！

뒤통수 치다 ^慣

不意を打つ、
味方のふりして
裏切る

直訳は「後頭部を叩く」です。イラストからもわかるように、表では味方のふりをしながら、決定的な瞬間に相手を裏切るイメージです。日常会話では맞다（叩かれる）の過去形である맞았다（叩かれた）を使って「裏切られた」という意味としてよく使います。

무슨 고민 있어? 얼굴이 안 좋아.

何か悩みでもあるの？ 顔色が悪いよ。

아무래도 나 친구한테 사기 당한 것 같아…

どうやら私、友だちから詐欺にあったみたい…

소꿉친구라서 믿었는데 뒤통수 맞았어.

幼馴染だから信じていたのに裏切られた。

「不意打ち」のようなニュアンスがあるので、信用していた友だち、同僚から裏切られたときによく使います。まさかあいつに裏切られるとは「夢にも思わなかった！」という気持ちがよく伝わる表現です。ちなみに、뒤통수が正しいスペルですが、ネイティブは뒷통수と書く人も多いです。

가방끈이 짧다 慣

学歴が低い、
学がない

直訳は「カバン（リュック）の紐が短い」です。「学歴」を
カバンの紐にたとえているところがおもしろいですね。超
学歴社会である韓国ならではの表現ですが、実際は相手を
見下すための「悪口」ではなく、良い目的で使われるシー
ンが多いです。

오랜만에 영어로 메일 쓰려니까 어렵네.

久しぶりに英語でメール書こうとするとむずかしいね。

이 문장 영어로 뭐라고 표현하면 좋을까?

この文章、英語でどう表現すれば良いと思う？

나 가방끈이 짧아서 영어 잘 못해.

私、勉強が苦手だから英語できないよ。

相手からの**むずかしい（勉強系の）質問を回避する**ために3つめのフレーズをよく使います。この場合は「勉強が苦手」と意訳するのが自然です。自分に対して使うと謙遜＆ユーモラスな表現になりますが、相手に対して使うのはふつうに悪口になるので注意！

ワンポイントアドバイス

学歴社会の韓国では初対面のシーンでも出身大学をストレートに聞く人が結構います。そういうとき、質問をはぐらかす目的でこの慣用表現がよく使われます。

A：「어느 대학 나오셨어요？（どこの大学出ましたか？）」
B：「저는 가방끈이 짧아서요… （直訳：私はカバンの紐が短いので…）」

「その話はしたくない」という意思は相手にはっきり伝えつつも、場の雰囲気を和らげる効果があります。

칼을 갈다 慣

刃物を研ぐ、
復讐を狙う

直訳は「刀を研ぐ」で、用意周到に準備をしながら「復讐を狙う」という意味としてよく使います。「リベンジ」のニュアンスが強い表現ですが、試験や試合などに勝つために綿密に準備しているシチュエーションであれば「初戦」でも使えます。

이번 수능시험은 자신 있니?

今回の修能試験は自信あるの？

ちなみに수능시험（修能試験）は日本の共通テストにあたる
韓国の大学試験、**수학능력시험**（修学能力試験）の略です。

네 엄마!! 이번만은 꼭 믿어주세요!!

はい、お母さん!! 今回だけはぜひ信じてください!!

1년 동안 칼을 갈고 있었어요.
자신 있어요!!

1年間、リベンジを誓っていました。自信あります!!

浪人生Aとそのお母さんBの会話です。このように日常会話
では「**試験」のシチュエーション**でよく使われます。칼을 갈
다を使うことで、浪人生として今回の試験に挑む心構えがよ
く伝わりますね。

배꼽이 더 크다 慣

本末転倒、
提灯より柄が太い

正確に書くと배보다 배꼽이 더 크다であり、直訳は「お腹より おへそが大きい」になります。「本末転倒」という意味を持 ちますが、日常会話ではお金が絡んだシチュエーションで よく使われます。右の例文とイメージでしっかり覚えましょう！

얼마전에 중고차를 샀는데
사고가 났어…

この間中古車を買ったけど、事故に遭ったよ…

5백만원에 샀는데,
수리비가 8백만원 이래.

₩500万で買ったのに、修理費が₩800万だって。

배보다 배꼽이 더 크네…
다시 사야겠다…

お腹よりおへそがデカいね… 買い直さないと…

あえて直訳しました。日本語で「それじゃ本末転倒だよ」と言いたいときに使います。例文と似たような例としては、友だちから地方で開かれるコンサートチケットをタダでもらったのに交通費や宿泊費のほうが高いときなど、**メインの目的にかかる費用よりも付随費用のほうが高いシチュエーション**でよく使います。

띄어쓰기（分かち書き）の重要性について

みなさんは韓国語の띄어쓰기（分かち書き）について学んだことがありますか？

韓国語の先生の中には「韓国語は漢字を使わないので、正しい意味を伝えるためには分かち書きがとても大事です」と言う方が大勢います。

そして、ほとんどの先生がその証拠として下の例文を使って띄어쓰기の重要性を訴えていますが、本当に韓国語において띄어쓰기は重要でしょうか？

아버지가방에들어가신다.

❶ 아버지가 방에 들어가신다.（父が部屋に入る。）
❷ 아버지 가방에 들어가신다.（父カバンに入る。）

※この例文は韓国の国語の教科書にも載っていた時期があります。

上の例文は分かち書きによって同じ文字の文章の意味が変わるので、一見、「なるほど〜」と思うかもしれません。ですが、アニメなどではなく現実に"お父さんがカバンの中に入る"シーンは存在するのでしょうか？

百歩譲ってそのようなシーンが現実に存在するとしても、自然な韓国語にするためには②のアバジ（父）と가방（カバン）の間に助詞가（〜が）を入れる必要があります。

아버지"가" 가방에 들어가신다.
（父"が"カバンに入る。）

そのため、分かち書きをしていない状態の文章「아버지가방에들어가신다 .」の場合でも、②の意味で理解してしまい、混乱するネイティブはほとんどいません。

　つまり、この例文は「띄어쓰기は重要だ」という**結論ありきで無理やり作られた例文**にすぎないのです。韓国語において本当に必要な能力は正しい分かち書きではなく、**文章の流れ、文脈を理解しながら読む読解力**ではないでしょうか？

　韓国語において、띄어쓰기はその重要性が過大評価されていると言っても過言ではありません。

　実際、ネイティブが思う띄어쓰기の重要性をわかりやすく日本語にたとえると、**韓国語の中での띄어쓰기の重要性は、日本語における漢字の書き順（筆順）よりも下**です。

　もし日本語を学び始めた外国人の友だちが「正しい漢字の書き順」を覚えることにつまずき、悩んでいるとしたら、みなさんはその友だちにどういうアドバイスをしますか？

　先生という立場上、「勉強しなくてもいい」とは言いづらいですが、間違いなく**띄어쓰기は韓国語学習のいちばん最後に回しても大丈夫**だと断言できます。

　元々띄어쓰기は文章を読みやすくする目的で導入されたものであり、必ず守らなければいけない文法や法則などではありません。さらに**「正しい띄어쓰기」に関しては韓国語学者らの間でも見解によって意見が分かれるほど、じつは非常に難解な問題**なのです。

　ですので、띄어쓰기の重要性を過大評価してまでみなさんに教えている今の韓国語教育の現状は、ナンセンスとしか言いようがないと考えています。

　みなさん！ 띄어쓰기は後回しで大丈夫です。それよりも単語やリスニングなどもっと韓国語の上達につながる勉強に時間を使いましょう！

おわりに
〜 韓国語上達のコツ 〜

最後に、これからも韓国語の勉強に励むみなさんに贈るエールも兼ねて、私が思う**「韓国語上達のコツ」**を伝授します。

1. 文法や法則にこだわりすぎない

私の失敗談を交えて話したいと思います。

私は昔から数学や物理学が好きでした。公式や法則を覚えて、それを元に答えを見出す過程がたまらなく好きでした。

日本語を学び始めた頃も文法や法則に基づき、自分なりの攻略法を探すために必死でした。

たとえば、漢字の「化」には、単語によって変化（へんか）、化粧（けしょう）、権化（ごんげ）など、さまざまな読み方がありますよね。

日本語の漢字の読み方には必ず法則があるはず！　と思い、それを探すために何か月も没頭していた覚えがあります。

もちろん、そのような絶対的な法則はありませんでした。**法則どころか、勉強すればするほど「例外」が増えていく**だけでした。

そもそも言語は、多くの人にとって学問である以上に、コ

ミュニケーションツールです。時代とともに変化し数学や物理学などと比べてフレキシブル、いい加減な面が多いのです。

つまり、文法や言語の法則は絶対的なものはありません。

ですので、今は完璧に理解できない文法があっても、例外が出てきても、慌てたり、落ち込んだりしなくて大丈夫です。**例外はいつでも出てくるもの**なので、「やっぱり自分は理解できていない」、「私は韓国語に向いてないかも……」と自分を責めないでください。

ドラマや映画などで、ネイティブが使うリアルな韓国語を観察しながら、雰囲気や使い方に注目してみましょう。そうやって覚えていけば、必ずわかるようになります。

2. 焦らない・ほかの人と比較しない

韓国語を勉強する方のいちばんの悩みは、勉強をしても韓国語が上達しないことだと思います。

しかし、これはある意味当たり前なことで、**自分の成長を感じられないのがふつう**です。

韓国語のレベルアップは、モンスターを倒して得た経験値に応じてレベルが上がるRPGゲームのようなものではありません。

勉強した時間に応じて伸びるものではなく、始めてしばら

くは階段の踊り場のような平らなところに留まり、ある日突然、一気に階段をかけ上るかのごとく急に伸びていくのが外国語上達の特徴です。

赤ちゃんが言語を習得する過程を考えてみてください。

赤ちゃんは生まれてから長い間、言葉をしゃべりませんが、親や人々の会話を観察し、マネをする時期を経て、一気に話し始める時期が訪れますよね。まるで言語が爆発するようにです。

外国語の上達もまったく一緒です。**一生懸命に勉強しているのに伸びない気がしても焦る必要はありません。それが正解なのです。**

そして、私は生徒さんに「よそはよそ、うちはうち」とよくお伝えします。人によって韓国語が伸びる時期や次のレベルに上がる振り幅などは千差万別です。

人と比較して落ち込むより、**今まで登って来た韓国語の階段を振り返って、自分をほめてあげてください。**

3. 韓国語は"楽しむ"べきもの

いつレベルアップするかわからない状態で韓国語学習のモチベーションを保つ方法は、蒸気機関車が動くメカニズムととてもよく似ています。

つねに燃料を入れないと動かない機関車のように、**韓国語**

**学習においても「好き」という燃料をくべつ続けることが大事
です。**

　とくに今の韓国語が伸び悩んでいる方、スランプにいる方
こそ、韓国語が好きになった原点に戻ってそのときの「好き」
という気持ちを呼び起こしてください。

　韓国語学習から離れて韓ドラを一気見しても良いですし、好
きなアイドル・俳優さんの動画をとことん見ても良いでしょう。

　そして、新しい単語や表現を学ぶ「喜び」を大事にしてく
ださい。

　最初から、この本の内容を全部覚えられなくても大丈夫です！

　まずはドラマやテレビ番組の中にこの本で学んだ単語が出
てこないか、よく観察してみましょう。一つの単語でもいい
ですよ。

　**出てきたときに感じるうれしさが、またみなさんをこの本
に呼び戻し、その一つの単語が原動力となって韓国語学習に
拍車がかかるはずです。**

＊

　私がYouTubeチャンネルでみなさんにいつも伝えているメ
ッセージで最後を締めくくりたいと思います。

　この本を繰り返し読んで、「全部、自分のものにしてくだ
さい！」

じんす先生

索引

じんす先生

1985年 ソウル生まれ。ソウル外国語高等学校日本語学科卒業後、漢陽大学経営学部入学。軍隊除隊後、日本留学のため中退。2014年早稲田大学文化構想学部卒業後、貿易関連会社で勤務する傍ら、「韓国語学習者たちのかゆいところに手が届く授業を行っている先生がいない」という問題認識から2020年11月YouTubeチャンネル『ゼロから韓国語〜with じんす先生〜ネイティブが教えるリアル韓国語』を開設。大学時代からの多数の家庭教師、マンツーマン指導の経験を活かし、ネイティブが使うリアルな韓国語とわかりやすい勉強法を広めるため尽力している。

YouTubeチャンネル：
「ゼロから韓国語〜with じんす先生〜ネイティブが教えるリアル韓国語」
@Jinsu-sensei

ネイティブならその単語(たんご)をこう使(つか)う！

イラストで楽(たの)しく身(み)につく
韓国語(かんこくご)のニュアンス図鑑(ずかん)

2023 年 4 月 5 日　初版発行

著　者	じんす先生(せんせい)	
発行者	山下直久	
発　行	株式会社 KADOKAWA	
	〒 102-8177　東京都千代田区富士見 2-13-3	
	電話 0570-002-301（ナビダイヤル）	
印刷所	凸版印刷株式会社	

●お問い合わせ
https://www.kadokawa.co.jp/（「お問い合わせ」へお進みください）
※内容によっては、お答えできない場合があります。
※サポートは日本国内のみとさせていただきます。
※ Japanese text only

定価はカバーに表示してあります。

©Jinsu-sensei 2023 Printed in Japan
ISBN 978-4-04-606095-2　C0087